JN441370

산과 믿음의 삶

산과 믿음의 삶

세종출판사

시집을 내며

새벽 미명에 이슬을 밟으며
홀로 산을 오르면
마음이 열리고
막혔던 감성이 강물이 되어
흐르기 시작한다

바윗 틈에 앉아
마음 따라 글을 적다 보면
자연과 감성이 음악적 리듬과 어울려
나의 작은 창조적 세계가 빛을 본다

내 나름의 산의 詩
나의 삶의 詩
나의 믿음이 詩가 되어 태어난다
내가 詩로 산을 표현하는 것이 아니라
내 마음에 스며든 그 자연이 詩가 된다
내 마음에 쌓여온 그 믿음이 詩가 된다

그래서, 詩를 쓸 수 있음은
내가 여전히 산을 사랑함이요
내 삶을 감격으로 이끌어 가는
믿음, 곧 영혼이 있기 때문이다

내 곁에 산이 있고
내 영혼이 살아 있는 한
산의 詩, 믿음의 詩는 계속되리라

2025년 3월

차례

제1부 詩 – 산山

제2부 믿음

제3부 믿음의 삶

제1부

詩 - 산山

自然과 人間

인간이 슬픈 것은
자연과 함께 살지 못함이다
자연은 인간을 품고 사는데
한결같은 사랑으로 내 곁에 머무는데
저만치 멀어져 살아가는 인간

자연은 쉼 없는 생명을 창조하고
무형의 숨은 조화를 이루어 가는데
소요하는 인간
자연에 군림하는 인간
자연에 전능자가 된 인간
자연은 그저 고요하고
침묵뿐이다

자연과 멀어져 있는 인간
자연과 나눌 사랑의 마음도
자연이 있어 누릴 행복도

자연 속에 넘쳐나는 생명력도
삶의 기쁨과 환희도
여기에는 없다

인간의 본질이 자연인데
자연이 나와 함께 살아가는데
내가 돌아가야 할 본향인데
저 자연에서 멀어져만 가는
슬픈 인간

이제
우리가 머무는 이곳
소요와 분망에서 떠나
침묵과 고요함의 그곳
나의 본향 자연으로 길을 떠나자
자연과 합일

신즉자연神卽自然이 있는
저 생명의 근원으로 길을 떠나자
자연이 나임을 깨닫는 저 큰 의식
우주의식으로 길을 떠나자

산길 오솔길

이른 새벽녘
오늘도
산을 찾았습니다
짙은 산 내음
운무雲霧 속의 산 길
오솔길을 걸었습니다

세상 길 가던
걸음걸음이
그렇게
가벼워지네요
삶의 짐들이
내려지나 봅니다

산길 오솔길 따라
또 한 사람이 가네요
잊혔던 내가 가네요

오솔길 따라
감춰진 내가 가네요

오솔길 산길은
정녕
잃어버린 나를
찾아가는 길이군요
진실로 가는 길
진리로 가는 길이네요

산길 오솔길 걸으면
어느덧
행복도 찾아와 주네요
자연이 이웃이 되네요
내 손을 잡아 주네요

산길 오솔길에서

내가

자연이 되는

기적이 올 것 같네요

* 그렇게 오랜 세월 산을 오르다 보니 나의 가슴에는 온통 산의 정감으로 가득 채워집니다.
  산을 찾으면 잊었던 나를 찾게 됩니다.
  시내산을 찾던 모세가 신神을 만나는 그런 사건은 나에게 없을지라도 산은 언제나 내 가슴속에 뭉클함을 주곤 합니다. 나에게 감동을 주는 산길 오솔길 걸으며 오늘도 행복 속에 잠겨 봅니다.

산 오름

그대는
산 오름을 아는가
오름 후에 쉼이 있고
오름 후에 넓은 세상 보이는 것을

힘든 오름은
성취가 아니라
배움이요 앎이다
삶을 배움이요
삶의 길을 앎이다

삶은 그냥
올라가야만 하는 것
내려감이란 없다

그래서

산다는 것은 산을 오르듯

그냥 그렇게

오르는 것이다

이 아침

삶을 살듯 산을 오른다

세상이 발아래 있음이 아니요

내가

하늘 아래 있음을 배운다

비오는 산속

비 오는 산속은
사람들 마음 같아라

행복한 이에겐
잎새로 흐르는
음악 같은 빗소리

그리운 이에겐
나뭇잎 스치는
다정한 속삭임

외로운 이에겐
가슴 저미는
숲속의 적막함

슬픈 이에겐
빗물 따라 흐르는
소리 없는 눈물

비 오는 산속은
사람들 마음 같아라

* 비 오는 산속은 또 다른 곳입니다. 다른 환경 다른 느낌입니다.
비 오는 날 우산을 받쳐 들고 고요한 산속을 홀로 걸어보세요.
어떤 분위기를 느낄까요.

지리산 뱀사골

지리산(가을)

지리산을 마주한다
연인을 보듯
설렘이 밀려온다
웅장한 산 세
계곡 따라 흐르는 청아한 물소리
하늘이 더불어 푸르다

가을의 지리산을 만난다
오색 단풍 진 옷차림
얼굴조차 붉게 물들어
감춘 수줍음
바람결에 불어오는 너의 향기여

지리산 가을이 사랑스럽네요
다감함으로 손짓하네요
이 가을 가기까지
함께 있자 하네요
못다 한 이야기들을 나누자 하네요
둘만의 이야기들을….

지리산(Ⅱ)

지리산을 보면
연인을 보듯
가슴이 설렙니다

지리산을 만나면
모든 것이 좋습니다
웅장함도 좋고
아기자기 흐르는
계곡도 좋습니다

지리산은 계절 따라
어찌 그리 멋있는 옷들만
갈아입는 것인가요
이번의 가을 옷은
예전에 없던 옷인가 봅니다

가을의 지리산
참 사랑스럽네요
참 향기롭네요
이 가을에는
나의 연인 지리산 품에
폭 안기고 싶네요

산을 오르며

산을 오르는 사람은
행복한 사람입니다
위대한 자연의 변화를
저 산의 신비함을
오늘도 배워갑니다

푸른 잎새 낙엽 되는
겨울의 황량함 속에서도
생명이 찾아오는 봄의 산에서도
변함없는 생명의 순환을
아름다운 조화를 봅니다

산을 오르면
삶과 죽음이 그곳에 있음을
기쁨도 슬픔도
행복과 절망도
모두가 여기에 있음을 발견합니다

자연이 삶이며
삶이 변화며 조화임을
그리고 무위자연無爲自然임을
날마다 깨달아 갑니다

그대 산에 우뚝 서면

그대 산에 우뚝 서면
온갖 풍상 스쳐간
우람한 소나무

그대 오솔길 이르면
양지바른 곳 피어나는
들꽃 향기

계곡 따라 흐르는
맑은 냇물
그대 청정한 음성
바람결 같은 속삭임

산 능선 돌고 돌아
쉬어가는 구름 사이
오색빛 무지개
그대 해맑은 눈빛
그대 산의 신비
산의 정情
그대 산의 사랑

– 산을 사랑하는 친구를 기억하며

낙엽 속에서

그대는 보고 있는가요
저 자연의 소리 없는 변화를
생명의 봄을 지나
죽음의 겨울이 오고 있음을
생명이 죽음이 되는 저 낙엽의 의미를

그대는 알고 있겠지요
생명의 탄생이 죽음에서 오는 것임을
생명이 죽음이며 죽음이 생명인 것을
생명과 죽음이 하나 되어 사는 것을
죽음이 없는 곳에 생명도 없는 것을

희생과 죽음에서
그렇게도 찬란한 생명이 오네요
사랑의 에로스가 죽음조차 사랑하네요
그래서 죽음은
사라짐이 아니라 극복되는 것이네요
생명으로 승화되는 것이네요

생명의 노래

생명은 힘이다
생명의 힘은 성장이다
생명의 성장은 아름다움이다

그 아름다운은 조화다
그리고
부족함 없는 창조다
채워지고 충만하고
넘치는 세계 생명의 세계
어느 것 하나 소홀함 없는 생명의 세계
생명 모두가
노래하고 춤을 춘다

이 생명 속에
기쁨이
행복이
그리고
환희가 있지 않은가

오, 생명 있는 존재여
우리가 부를 노래여
죽음도 어두움도 없는
햇살처럼 밝은 영광의 노래로
승리의 노래로 차고 넘치게 하자
저 먼 곳 땅끝까지 울리게 하자

꽃이 아름다운 것은

꽃이
그렇게 아름다운 것은
꽃의 자연스러움인가
확 트인 하늘 아래
거침없는 꽃잎의 춤
감춤 없는 텅 빈 마음으로
바람결에 실어 보내는
행복이여
환한 웃음이여

꽃이 아름다운 것은
그토록
오랜 시간 견뎌온
꽃의 인고忍苦인가
마지막 한 잎
그 한 잎 피우기까지
외로움과 갈망을

숨죽여 꽃잎 속에
쌓아만 왔는가
그래서 꽃은
그렇게도 자유함으로 찾아오는가

꽃이
그렇게도 아름다운 것은
찾아야 할 환한 미소가
거칠 것 없는 그 자유함이
저 꽃 속에 있음이다
꽃의 환한 미소로
나의 슬픔이 간다
꽃의 향기로
너의 행복이 온다
저 꽃들로
세상이 밝아온다

보라색 소묘素描

보라색의 고고함
보라색의 수줍음
빨강과 파랑의 혼재
강함과 온화함의 양면성
보라색이 지니는
미묘한 감성의 소묘(표현)입니다

사람은 저마다
이런 양면성과 복잡성
그리고 대립성이 있기에
보라색을 사랑하는가 봅니다

이른 새벽 장안사를 오르며
양지바른 곳 피어있는
보랏빛 수국을 만났습니다

어찌 그냥
지나칠 수 있겠습니까
어찌 사랑을 품지 않겠습니까
보라색 꽃에 내가 투영되고
보라색 수국이 나에게 투영되고 있음인데

장안사 진달래꽃

작년 이맘때쯤
장안사 진달래꽃을 또다시 만날까
이른 봄날 오후 조심스레
장안사 산길을 걸었습니다

올겨울은
유난히도 춥고 추워서
겨울 속에 장안사는 꿈속에 있는데
여기저기 산속 양지바른 곳에
분홍빛 진달래가 피었습니다

따스한 봄은
아직도 멀었는데
제철 만난 듯 찾아와 주는 진달래꽃
연한 분홍빛 잎새가
아름답기만 했습니다

진정 진달래꽃과 함께
봄은 오는가 봅니다
분홍빛 꽃잎들로 봄눈이 녹네요
진달래꽃 산들이 물들어 가네요
이 봄도 진달래꽃으로 행복이 오겠네요

제2부
믿음

율법의 정체正體

하루는 바리새인들이 음행한 여인을 데려와 예수님을 시험하였습니다.
“율법은 이 여인을 돌로 치라고 명하는데 당신은 어떻게 할 것입니까?”

하나님을 믿는 모든 사람은 그의 말씀인 율법을 준행해야 합니다.
예수님도 물론 이 율법을 지켜야 합니다.
예수님은 율법과 사랑의 갈림길에 섰습니다.
하나님을 그토록 잘 믿는 자의 율법 정신에 설 것인가,
아니면 그 율법을 파기하고
잃은 자, 한 마리 양을 찾기 위해 새로운 법,
곧 사랑의 법에 설 것인가.

예수님은 분명 사랑의 법에 섰습니다.
모세의 율법을 파기하였습니다.
과연, 그는

하나님의 법을 파기한 것인가,
하나님의 명령을 거역한 것인가?
예수님은 이 갈림길에서
인간의 근원에 초점을 맞추었습니다.
율법보다 앞서는
인간의 마음,
인간의 마음은 곧 하나님의 형상,
인격의 모형,
인격의 모형은 사랑이 아닌가.

인간은 하나님의 형상을 잃어버렸습니다.
곧 사랑의 마음,
순수한 사랑의 마음을 잃어버렸습니다.
진정한 인간의 마음,
하나님 형상인 사랑의 마음을 잃어버린 인간에게
율법은
근원을 떠난 겉치레였습니다.

인간은 너무도 멀리 근원에서 떠나 있었습니다.
근원을 떠난 인간에게
율법은
위선이며,
그 근원에서 더욱 멀어지게만 할 뿐이었습니다.

결코 예수님은
율법을 파기한 것이 아닙니다.
율법 이전의
인간의 근원을 지적한 것입니다.
"너희 중에 죄 없는 자가 돌로 치라"고.

예수님의 오심도
그의 가르침도
율법 이전의 인간의 근원을
발견하는 일이었습니다.
"마음이 가난한 자는 복이 있나니

천국이 저희 것임이요,
애통하는 자는 복이 있나니
저희가 위로를 받을 것임이요,
온유한 자는 복이 있나니…,
의에 주리고 목마른 자는 복이 있나니…,
긍휼히 여기는 자는 복이 있나니…,
마음이 청결한 자는…,
화평케 하는 자는…,
….”

예수님의 신랄한 비판의 초점은
바로
바리새인과 서기관들의
외식적 행위였습니다.
하나님의 형상을 잃은
저들의 허울밖에 없는,
생명 없는,

율법주의적 행위 그 자체였습니다.

이제
율법 중에 어느 것이 큰가 하고 묻는
한 율법사에게
그는 이렇게 대답하십니다.

“네 마음을 다하고, 목숨을 다하고, 뜻을 다하여
주 너의 하나님을 사랑하라.
이것이 첫째되는 계명이요,
둘째는 그와 같으니
네 이웃을 네 몸과 같이 사랑하라 하셨으니
이 두 계명이 온 율법과 선지자의 강령이니라.”

이 위대한 가르침 속에서
먼저는 하나님의 형상인
사랑을 회복하고,

그리고 난 후
이웃을 사랑하는
사랑의 실천이 있어야 함을
발견합니다.

인간 근원에 이르름은
곧
인격의 회복,
하나님 형상의 회복,
진정한 사랑의 회복에 있음을 봅니다.

그리고
이 사랑의 회복이
온 율법과
선지자의
강령임을 깨닫습니다

믿음이란

전능한 神을 믿음인가
능력의 神의 자녀가 되는 것인가
육체적 인간이 영적 인간으로 변화하는 것인가

神의 기름 부은 자
神의 로고스Logos
神의 아들 메시아
그의 神性의 정체는 무엇인가

나사렛 마을의 이름 없는 청년 예수
가난한 목수의 아들
병 고침의 神性으로
능력의 랍비가 된 자

神性은 자연을 초월하는 것인가
자연 질서의 혼돈인가
인간성은 사라지고
인간의 한계를 뛰어넘는 것인가

여기 人子로 살았던 예수를 보라
가난과 아픔의 우리의 이웃 예수를
십자가 처형으로 탄식하는
인간 예수를 보라

분명 그는 神性으로 사신 인간 예수
한 점의 人性까지 외면치 않은 神性
인성과 신성의 전체全體로 사신 예수
믿음은 그런 분 예수를 바라보는 것
그런 분의 삶을 내가 살아가는 것

광야에서

그대는 황량한 광야의 삶을 아는가
저 시원始原의 들녘에서 외치는 자의 소리를 듣는가
절제와 청빈함으로 메시아를 예비하는
광야의 선지자 세례 요한을 아는가

광야는 잃었던 내 영혼의 세계
세상의 부요함으로 사라져 버린 나의 믿음의 세계
어두움의 마음이 놓쳐버린 나의 진리의 세계

광야적 삶 떠난 내 영혼에는
세례 요한의 외침은 없다
저 빈 들에서 들려오는
메시아 기쁨의 소식도 없다
더 이상 천국 백성의 감격도 없다
이제 그대가 회복해야 할 저 광야적 믿음
가난과 겸손함의 선지자적 삶으로
황량한 빈들의 메마른 마음이

메사야 맞이의 축복의 광야로
성령의 단비로 세상이 춤추는
저 생명의 광야로 돌아가자

말씀이 육신이 되어

요한복음 1장 14절

말씀은 무형의 세계
보이지 않는 세계
보지 못하는 것들의 증거
바라는 것들의 실체

말씀은 영적 세계
믿음의 세계
자아를 초월하는 세계
진리의 세계 생명의 세계

예수는 말씀
말씀이 육신이 되신 실체
무형적 세계의 실체화
영적 세계의 가시화
믿음은 예수를 아는 것
진리가 예수임을 믿는 것
예수가 나의 삶이 되는 것

예수 안에서 하나님이 발견되는 것

내가 영적 세계에서 사는 것

믿음의 힘

믿음의 힘은
내속의 부정적 힘을
긍정적 힘으로 바꾸는 능력입니다
그러나 나에게
그런 능력은 없습니다
다만 쉽게 부스러지는
질그릇 같은 존재일 뿐입니다

그런데 바울은
연약한 질그릇의 우리에게
이 보배가 담겨 있음을 발견합니다
곧 하나님의 능력입니다
그래서 우리는
사방으로 우겨쌈 당해도 싸이지 않습니다
답답한 일 당해도 낙심치 않습니다
핍박당해도 버림바 되지 않습니다
꺼꾸러뜨림 당해도 결코 망하지 않습니다

만약 바울의 고백이 우리의 고백이 된다면
더 이상 우리에겐
부정적 힘은 승리할 수 없습니다
들어설 공간조차 없습니다

고린도 후서 4장 7절
Troubled on every side, yet not distressed
perplexed but not in despair
persecuted, but not forsaken
Cast down, but not destroyed

예수의 겸손

모세 같은 기적의 능력 행여 없음인가
기적 찾는 이에게 요나만 소개한 예수
황량한 광야의 시련 속에서도
기적은 더 이상 없었다

목마름과 배고픔의 갈등
神性의 외면적 유혹 속에서도
예수의 겸손은
사람의 아들로만 우뚝 서게 했다

천국은 능력의 사람
기적의 사람의 것도 아니다
가난한 마음 작은 어린아이처럼
겸손한 자들의 것
그 어떤 기적보다
그 어떤 능력보다
하나님 안에서 겸손함을 뛰어넘는

또 다른 神性이 있는가
예수의 겸손함이 생명존중 천국 운동이 아닌가

이제야 예수의 겸손함으로
나의 생명이 나의 영혼이 새롭게 태어난다
예수의 겸손함으로
내가 살아가야 할 길이 있음을 본다

믿음의 의義

神의 거룩함을 믿는 믿음이
나의 의지적 행위가 아님은
神의 선물 오직 믿음으로만
그의 부름에 응답하기 때문이다
神만이 의로움이기에 믿음의 의는 神의 은혜

믿음의 의는 神을 만남이며
사랑과 생명의 神을 믿음이며
神안에서만 내가 있음을 고백함이다
神 앞에 내가 서는 놀라운 은총이다

그러기에 믿음의 의는 神의 선물
믿음으로 나는 은혜의 사람이 된다
죄인 된 내가 의로운 사람이 된다
神의 자녀가 된다

여기 성서 히브리 11장

믿음으로 산 의인들을 본다

은혜로 택함 받은 神의 사람

믿음으로 거룩함을 이룬 믿음의 의인들을 만난다

Sea Grape

미국의 남부 플로리다에 오면
바다 호수를 둘러싸고
화려한 숲 맹그로브mangrove를 만납니다
언제나 푸른 숲으로
많은 이들의 사랑을 받지요

그런데
대서양의 거친 바람과 파도가 있는
해변에 이르면
열매도 없고 잎만 무성한
sea grape을 만납니다
쉼 없는 대서양 바닷바람에
빛바랜 sea grape의 잎새들
아! 저들이 아름다운 맹글로부의 방패였군요
여리고 강도 만난
예수님의 예화를 기억합니다
숨은 희생과 봉사를 다한

사마리아인을 기억합니다
사람이 자기방어로만 사는 사람도 있지만
sea grape처럼 희생하는 사람도 있습니다
대서양 거친 바람을
묵묵히 잎으로 감당하는
sea grape 같은 사람도 있습니다

바닷가 오늘 만난 sea grape에
나는 고개를 떨굽니다
한 잎 sea grape에
가슴 아파합니다

시선이 머무는 곳에

시선이 머무는 곳에 내가 있다
시선 따라 마음이 간다
감추어진 마음도 가고
나만의 마음도 간다

다가가는 작은 세상 속에서
내가 보인다
숨겨진 마음이 보인다
낮아져야 할 내가 보인다

시선이 머무는 작은 세상은 아름답다
그 작은 세상에서
잃었던 너를 만난다
상처 난 마음을 만난다
시선이 머무는 큰 세상은
나만의 세상이지만
다가가는 작은 세상은

우리들의 세상이다
그토록 작은 세상에서
우리의 이웃도
소중한 사랑도 만난다

다메섹 언덕

믿음의 역사 속에
저 찬란히 빛나는 위대한 별
오직 믿음으로만 神을 만나며
그 믿음으로만 영원한 구원이 있음을
깨달은 바울

바울의 깨달음enlightenment은
저 다메섹의 언덕 깨달음의 언덕
홀연히 빛으로 가득한 神의 언덕
어둠과 탐욕의 비천한 마음에
지식과 경험이 사라진 공허의 마음에
오직 빛이신 예수만 보였던 언덕
용서와 화해의 부드러운 음성이 들렸던 언덕

진실로 다메섹의 언덕은 은혜의 언덕
자기 의로움의 높은 성城이 텅 빈 광야가 되는 곳
미움과 시기가 사랑과 온유로 변화되는 곳

미친한 내가 神의 음성을 듣는 곳
진리의 빛으로 사울이 바울이 되는 곳
그래서 믿음은 神의 선물 神의 은총

「내가 복음을 부끄러워하지 않음은 복음에 神의 의義가 나라 나서 믿음으로 믿음에 이르게 하나니」
– 로마서 1장 16절

로마서를 읽으며

바울의 서신 로마서를 읽으며
삶의 에너지를 얻습니다
정체된 삶이 역동적 삶으로 변화됩니다
부정의 삶이 변하여 긍정적 삶이 됩니다

율법적 의義의 어두운 터널을 지나
밝고 힘찬 생명의 삶으로 나아갑니다
성령의 역동적 힘이 우리의 삶을 인도해갑니다
실의와 좌절은 더 이상 없습니다
은혜의 법이 새 생명을 창조해가기 때문입니다

믿는 자에겐 결코 정죄함은 없습니다(롬 8:1)
예수 안에서 자유함만 있을 뿐입니다
믿음 안에서 구원의 복음이 있을 뿐입니다

“할 수만 있으면 모두와 평화를 누리고(롬 12:18)
빛의 갑옷을 입고 낮에 와 같이 행하며(롬 13:12)
우리의 삶을 거룩한 산 제사로 드리는(롬 12:1)”
적극적 삶만 있을 뿐입니다

믿음은 삶의 원동력입니다
성령의 능력이 믿음과 함께 하기 때문입니다
능력의 믿음이 세상을 변화시켜 갑니다
죽음이 있는 곳에 생명을 가져다줍니다
그래서 믿음은 하나님의 능력이며 하나님의 의義입니다

바울의 환희歡喜

바울의 환희는
기쁨pleasure이 아닙니다
즐거움joy, 우쭐함exaltation을 넘는
또 다른 기쁨입니다
의기양양함exultant을 넘어서는
황홀함ecstasy의 기쁨입니다

율법의 종에서 자유함을 얻는 기쁨
의식과 전통의 얽매임에서 해방된 기쁨
잃었던 탕자 아들을 품으시는 하나님
징벌적 神에서 사랑의 神을 만난 기쁨입니다

자기 노력으로 얻는 율법의 의義는 이제 없습니다
가식과 위선의 허울뿐인 외면적 신앙도 없습니다
내 모습 그대로의 가난한 마음만 있을 뿐
神 앞에 그냥 나아가는 순진한 믿음
예수의 은혜로 그저 받는 그 믿음만 있을 뿐입니다

여기 바울의 기쁨의 노래가 있습니다
확신과 소망으로 충만한 노래가 있습니다
황홀함의 기쁨 바로 그 노래입니다
법궤 앞에 춤을 추던 다윗 왕의 기쁨처럼
우리가 화답할 황홀함의 노래입니다

「내가 확신하노니 사망이나 생명이나
천사들이나 권세자들이나 현재 일이나 장래 일이나
높음이나 깊음이나 다른 아무 피조물이라도
우리 주 예수 그리스도 안에 있는
하나님의 사랑에서 끊을 수 없으리라」
– 로마서 8장 33절 – 39절

원죄原罪 란

경쟁적 갈등과 결핍이 없는 에덴동산은
이기주의적 자기 욕망은 없습니다
경쟁이 없기에 시기와 질투도 없습니다
욕망 충족을 위한 쟁취나 투쟁도 없습니다

인간이 타고날 때 부터 죄성이 있다는
원죄의 근거가 없는 것이지요
유대인이 타고난 원죄의식의 근거를
성서는 창세기에서 "인간이 창조자 여호와 神과
동일시" 곧 神에 대한 회의와 도전에
그 근거가 있음을 주장합니다
곧 에덴동산의 반란입니다

에덴동산의 반란이란
인간의 자기의식, 홀로서기, 인간의 소중한 가치
理性的 능력을 인식함이며
창조주 神과의 분리separation입니다

원죄의식은 神의 편에서는
神의 피조물 인간을 잃어버림이요
인간 편에서는 神으로부터의 분리요 독립입니다
예속에서 자유며 구속에서의 해방입니다

히브리인들의 뿌리 깊은 원죄의식은
바로 神과의 분리불안이며
민족神 여호와 배신에 대한 보복 불안retaliation anxiety입니다
그렇지만 神을 배신한 인간은 이성理性을
가진 존재로 홀로 선 것입니다

이제 人間과 神
이성적 인간과 창조주 神과의 화해의 길은 없는 것인가
인간이 神을 향해, 神이 인간을 향해
다가가는 길은 없는 것인가

그리스도

말씀이 육신이 되신 사건

神이 인간을 찾아오신 사건

임마누엘의 神과의 약속에서

그리고 神의 사랑의 표증 그리스도의 죽음

곧 神의 아들의 죽음에서

인간과 神과의 화해의 길이 열려짐을 봅니다

神의 사랑 안에서

인간에 대한 神의 보복은 사라지고

자유함 그리고 구원의 길이 열림을 봅니다

구원이란 神의 사랑이 내 안에서 비로소 확인되는 사건이며

그 사랑이 자유와 기쁨의 근원임을 믿으며

값없이 주시는 사랑 값없이 얻는 은혜

그저 받은 은총임을 믿는 믿음의 관계입니다

神과의 계약적 관계인 율법적 관계를 극복한 바울은
神과 인간과의 새로운 관계 곧 사랑의 관계를
복음Gospel이라 불렀고
인간이 神의 자녀가 되는 영적 확신spiritual assurance을
믿음의 의the righteousness of faith라 불렀습니다

파라노이아, 나의 이름

파라노이아paranoia는 나의 또 다른 이름
후천적 성격의 나의 이름이다
변명과 합리화가 능숙한 인격
비난 회피의 경이로운 천재다

완고한 자존심과 자기 과신은
과오와 실수의 허약한 나를 붙들어 주지만
민첩한 투사기재Project defense가
논쟁과 투쟁의 소용돌이를 일으킨다
타협과 관대함 없는 존엄한 파라노이아
모두가 적이 되어 나를 떠난다

그 어떤 의미 없는 실수와 부주의도
특별한 의미로 내 속에서 자라가고
무의미의 사소함이 겹겹이 쌓여
계략과 음모의 거대한 환상으로 진화해간다

마침내 핍박받는 의인이 되어
피해의식persecutory idea의 꽃을 피운다

파라노이아가 자리한 그곳에는
이해와 관용의 마음도
공감적 사귐과 관용의 대화도 없다
모두가 떠나버린 텅 빈 마음속에
환상과 착각만 자라간다

진실 없는 자기 기만의 파라노이아
구속만 있을 뿐 자유함은 없다
오직 자기 위로의 마음속에
환상적 세계만 자라 갈 뿐이다

제3부
믿음의 삶

세 가지의 질문

주님!

하루해를 보내면서 우리에게 의식되는 많은 잘못들을 생각해 봅니다. 무엇인가 후회와 죄의식이 마음속에 스며듭니다. 보람과 기쁨보다 혐오와 슬픔이 느껴집니다. 원하는 선은 행치 못하고, 원치 않는 악을 행한(롬 7:19) 어리석음도 기억됩니다.

주님, 믿는다는 것은 무엇이며, 믿는 나는 또한 무엇입니까? 나의 믿음에 대한 회의, 나의 인격에 대한 불신이 일어납니다.

그 옛날 시편 기자의 물음을 생각해 봅니다. "청년이 무엇으로 그 행실을 깨끗하게 하리이까" (시 119:9) 어떻게 해야 무슨 일이든 사람에게 하듯 하지 않고, 하나님께 하듯(골 3:23) 정직한 그 행실을, 형제를 미워하지 않고 남을 낫게 여기는 그 겸손을, 나의 눈을 어둡게 하는 내 눈 속의 들보를 아는 자아 발견을 얻을 수 있는 것입니까? 다만 주의 말씀을 따라 삼갈 것이옵니까(시 119:9).

주님, 어느 날 한 젊은 청년이 당신을 찾아와 당신께 물었던 또 하나의 질문을 기억합니다.

"선한 선생님이여, 내가 무엇을 하여야 영생을 얻으리이까" (막 10:17)

영원한 삶에 대한 억제할 수 없는 그리움을 안고 그는 당신을 찾았습니다. 자신이 즐겼던 모든 기쁨이 허물어지는 공허감을 안고 그는 당신을 찾았습니다. 비록 살인하지 않고, 간음하지 않고, 도둑질하지 않고, 거짓 증거치 않고, 속여 취하지도 않고 부모를 공경한(막 10:19) 훌륭한 청년일지라도 그에겐 영생의 확신은 없었습니다. 이들 속에서 영생의 기쁨을 맛보지 못했습니다.

주님 정녕 영생은 무엇으로 얻는 것이옵니까?

당신께서 요구하신 사건을 분명히 기억합니다.

"너의 모든 소유를 다 팔아 가난한 자에게 주고 그리고 나를 좇으라" (막 10:21)

영생이야말로 한갓 행위의 온전함에 있지 않음을 가르쳐 주신 것입니까? 우리에게 있는 가장 값진 것 그것보다 당신을 귀히 여기는 마음을 당신은 요구하시는 것입니까? 지금까지 간직하고 있던 저의 값진 옥합을 깨뜨려 그 향유를 당신의 발에 쏟을 수 있어야 합니까?

그러나, 주님! 그 부자 청년이 당신으로부터 발길을 돌리듯 우리에게도 이 엄청난 모험을 실현시킬 용기가 없습니다. 자칫 두 가지의 길에서 머뭇거리는 정신적 방황자가 될까 두려울 뿐입니다.

주님, 죽음의 무덤가에서 방황하던 한 귀신 들린 자가 당신에게 던진 또 하나의 질문을 기억합니다. "하나님의 아들 예수여, 나와 당신과 무슨 상관이 있나이까" (막 5:7). 그의 외침은 당신과의 아무런 상관이 없음을 주장한 것이 아니었습니다. 이미 그와 당신이 끊을 수 없는 숙명적 관계임을 그는 외치고 있었습니다.

불의한 자가 부끄러워함은 오직 당신의 의로움이 있기 때문입니다. 세상에 붙은 정에 번민함은 당신의 아가페의 사랑이 있기 때문이며, 제가 후회와 죄의식에 사로잡힘은 마음속의 문을 두드리는 당신이 있기 때문이며, 부족함과 불성실함에 슬퍼함은 당신의 명령이 있기 때문입니다.

주님, 당신은 우리를 세상에 존재케 하셨습니다. 당신의 생명을 주고 우리를 사셨습니다. 어떻게 우리를 당신과의 관계에서 끊을 수 있습니까? 어떻게 우리가 당신을 잊을 수가 있습니까? 어떻게 당신은 우리를 저버릴 수 있습니까? 당신 없이는 나도 없고, 나 없이는 당신의 의미도 없습니다. 당신과 나는 영원한 하나일 뿐입니다.

주님, 이제 저에게 명하소서, "더러운 귀신아, 그 사람에게서 나오라." 자기를 잃고 방황하는 귀신 들린 자에게 명하신 대로…. 그래서 죄로 더럽혀진 저의 마음(인격)이 당신의 명령으로 새로워지게 하소서, 세상에 붙은 욕심에서 떠나 당신의 거룩한 형상을 되찾게 하소서.

네가 어디 있느냐

"여호와 하나님이 아담을 부르시며 그에게 이르시되 네가 어디 있느냐"(창 3:9).

고요한 밤, 적막한 어둠의 한가운데 홀로 서 있노라면 우리는 문득 공허함의 심연 속으로 빠져듭니다. 외로이 먼 여행길에서 지친 몸으로 귀로에 오를 때 나의 주위에 맴도는 고독의 그림자를 발견합니다. 깊은 산속을 거닐며 자연의 한 모퉁이에 서 있노라면 오직 나밖에 없는 텅 빈 허전함이 우리의 마음을 서글프게 합니다.

우리는 왜 항상 이런 고독 속에서 살아야 합니까? 깊은 산속의 메아리의 여운처럼 독백의 산울림만을 되씹어야 합니까? 길거리를 걸어가면서도, 사람의 물결 속에서도, 하루의 일과에 쫓겨 가면서도, 우리의 마음은 오직 나만을 의식하는 외로움에서 살아야만 합니까? 끝없는 사막에서 한 포기의 풀잎처럼 고독조차 의식 못한 채 왜 우리는 살아가지 못하는 것입니까? 아무도 없는 깊은 산속 바위틈에서 홀로 향기를 발하며 피었다가 소리 없이 지는 한 떨기 백합처럼 슬픔을 의식하지 못한 채 일생을 사는 지혜가 왜 우리에게는 없는 것입니까? 하루의 먹이로 만족하고 즐거운 노래로 하늘의 은총을 감사하는 새들처럼 왜 우리는 그날의 것에 만족하지 못하고 내일의 탐욕에 눈이 어두워 서로 다투며 미워해야 합니까? 왜 우리 인간만이 고독함을 느끼며 살아가야 합니까?

그래서 너를 의식하며 너를 그리워하며 너 없이는 삶의 의미조차 상실해 버리는 가련한 존재가 되어야 합니까?

어느 날 우리의 인간 시조 아담과 하와는 자신을 발견하는 지혜를 얻었습니다. 그들 자신을 나무 잎사귀로 감추지 않으면 안 되는 부끄러운 자신을 발견한 지혜였습니다. 이 우주 속에 외로이 수치를 되씹어야 하고, 죄의식의 반추에 사로잡혀야 하며, 오직 자기밖에 존재하지 않는 것 같은 엄청난 고독의 슬픔을 겪어야 하는 자기 발견의 지혜였습니다.

우리에겐 아담의 고독과 응답 없는 독백에 연연한 피의 흐름이 있는 것입니까? 한 포기 꽃잎처럼, 아침의 이슬처럼, 밤의 유성처럼 외로이 왔다가 사라져 가는 고독의 심연 속에 살아야 하는 것입니까? 이러한 아담에게 최초의 음성이 들려왔습니다.

"아담 네가 어디 있느냐."

나를 인식하고 난 이후 최초의 부름이었습니다. 나는 영원한 고독의 나로서가 아니라, 누군가가 나를 찾아주고 너라고 부르는 대상이 된 것입니다. 나는 너에게 유일한 네가 되었고, 너는 나에게 유일한 네가 되었습니다. 이제 네가 없이는 나도 없고, 나 없이는 네가 없는 '나와 너'의 관계가 되었습니다. 부버는 이를 '근원어'이라고 하였습니다. 두 개의 단어가 아니고 오직 하나이며, 가장 근본이 되는 단 하나의 단어 이것이 '나-너'의 근원어인 것입니다. 이는 최초 하나님이 아담을 부르시는 그때부터의 시작입니다. 누구든 아담을 부르시는 하나님의 음성을 듣는 자에겐 고독은 없습니다.

외로움과 공허의 독백에 더 이상 연연할 필요가 없습니다. 그것은 하나님이 먼저 아담을 부르셨기 때문입니다. 죄인인 아담, 부끄럼밖에 없는 아담, 수치로 몸 둘 바 없는 아담을 부르셨기 때문입니다. 아담을 부르시는 음성을 우리는 예수님의 음성에서 다시 들어 봅니다.

너무도 분명하고 뚜렷하게 거듭 부르는 음성입니다.

"내가 온 것은 죄인을 부르러 왔노니…." (마 9:13).

"죄인, 아담 네가 어디 있느냐."

고독한 나에게 '나-너'의 영원한 근원어가 주어졌습니다.

"오라, 너희 죄가 주홍 같을지라도 눈과 같이 희어질 것이요, 진홍같이 붉을지라도 양털같이 되리라" (사 1:18).

이것이 아담을 부르시는 하나님의 음성입니다. 이 확실한 언약은 우리를 얽매는 수많은 고독의 무거운 짐도 쉽게 벗어던지게 합니다.

"수고하고 무거운 짐 진 자 들아 다 내게로 오라 내가 너희를 쉬게 하리라"(마 11:28).

예수님의 이 음성 속에 '나-너'의 영원한 근원 어를 재확인합니다. 함께 멍에를 지워주시는 그에게서 이제는 분리된 내가 아님을 확신합니다.

거라사의 어떤 사람

주님,

풍랑이 일고 간 어느 날, 갈릴리 맞은편 마을 거라사에서 당신은 한 이상한 사람을 만났습니다. 사람들은 그를 귀신 들린 자라고 불렀고, 그에게는 다른 사람처럼 건전한 사고나 감정이 없는 것처럼 생각해 왔습니다. 행여 선한 사람을 해칠까 염려하여 억센 쇠사슬로 묶어 두기까지 하였습니다. 마침내 그는 그들로부터 내쫓기는 가련한 신세가 되었습니다.

그러나 주님,

아무도 가길 원치 않는 그 길을 찾아 당신은 찾아가셨습니다. 오랜 세월을 두고 당신을 애타게 기다리던 한 버림받은 아들을 당신께서 기억하셨기 때문입니다. 어느 누구도 예측할 수 없었던 어떤 놀라운 사건을 이루기 위해 당신은 그 위험한 길을 선택하셨습니다.

때마침 그가 멀리서 당신을 보고 무덤 사이 비탈길을 헤치며 정신없이 달려왔습니다. 결코 놓칠 수 없는 이 순간을 붙들기 위해 큰소리로 부르짖으며 달려왔습니다. 사람들은 그가 당신을 해칠 것이라고 생각했는지도 모릅니다. 그러나 그가 당신을 향해 달려오기 전에 당신은 이미 그 사람을 아셨습니다. 어느 누구도 따뜻이 받아들이지 않는 버림받은 그를 오직 당신만이 품어 줄 수밖에 없는 가련한 자임을 아셨습니다.

모든 사람들이 그를 버렸기에 그는 동네 무덤에서 혼자 쓸쓸히 살아야만 했고, 다정한 말벗이 없어 혼자 중얼거려야만 했으며, 응답 없는 독백으로 자신을 달래야만 했던 것을 당신은 아셨습니다. 무엇보다도 그는 배고픔을 견디지 못해 자신을 얽어 맨 굵은 쇠사슬을 끊고 먹을 것을 찾아야만 했습니다.

순간, 당신의 눈은 그를 버린 자들의 선량한 마음속에도 그들 자신이 경원하던 더러운 귀신의 모습이 꿈틀거리고 있음을 보셨습니다. 그들 마음속에 가득 찬 시기와 미움 그리고 자해와 타살의 어둠이 그가 살고 있는 무덤과 다르지 않음을 아신 것입니다.

저들의 이웃을 해하고 파괴하고 인류를 공포에 몰아넣는 수천수만 배의 포악성이, 그의 쇠사슬을 끊는 난폭과는 비교가 되지 못함을 당신은 아셨습니다. 귀신들린 자의 산을 메아리치는 고함소리가 아무리 클지라도, 그들이 자신을 내세우고 잘남을 뽐내며 거짓을 말하고 남을 비방하며 저주를 토하는 그 소리에는 견줄 수 없음을 당신은 아셨습니다. 자기의 분수를 모르며 자신의 수치와 허물을 볼 줄 모르는 그들의 무지가 귀신 들린 자의 벌거벗음과 조금도 다름이 없음을 당신은 아셨습니다.

당신 앞에서는 우리 모두가 잃어버린 양들에 지나지 않았습니다.

인류는 태초부터 자신에 관한 질문과 나를 있게 한 당신에 관한 물음을 되풀이해 왔음을 아십니다. 당신이야말로, 나는 영원한 고독의 '나'로서가 아니라, 누군가 나를 찾아주고 '너'라고 부르는 대상이 됨을 알게 해 주신 분입니다. 당신은 우리가 결코 단세포가 진화된 그리고 진화 과정의 미완성 고등 생물이 아니라, 오직 당신의 형상을 입은 완전한 인간임을 가르쳐 준 분입니다.

그러나 우리의 시조 아담으로 인해 당신의 형상이 영적 영역과 육적 영역의 두 영역으로 분리되어, 어쩔 수 없는 괴로움을 당해 가야만 하는 가련한 존재가 되어버린 것을 당신은 아십니다. 우리의 인격이야말로 당신이 아니면 결코 회복될 수 없는 분리된 병든 인격임을 당신은 아십니다. 오직 당신만이 이 구속에서 해방자 이심을 우리는 알고 있습니다.

이윽고 당신은 그에게 가까이 다가와 "더러운 귀신아, 그 사람에게서 나오라" 명하셨습니다. 영원히 잃게 될 당신의 거룩한 형상인 인간 본성을 되찾게 하는 명령이었습니다. 우리 모두의 인격 속에 뿌리박고 있는 죄의 주인, 바로 그 귀신을 영원히 추방케 하는 명령이었습니다.

주님,

오늘도 저는 거라사 동네의 귀신 들린 자와 같이 버림받은 자들을 만납니다. 정신병 역시 육체적 질병과 다를 바 없음을 주장했던 크레펠린Kraepelin의 외침이 있은 지 200여 년이 지난 오늘날까지도, 정신병자를 대함이 마치 거라사 동네 사람들이 귀신 들린 자를 대하듯 한 슬픈 일이 우리 주위에서 자주 일어남을 목격하면서, 그 옛날 당신께서 행하신 그 행적을 기억해 봅니다.

당신의 사랑으로, 그리고 당신의 그 권위 있는 명령으로 저들에게도 당신의 거룩한 형상을 되찾을 수 있게 되기를 바라면서 오늘도 그들의 거친 손을 붙잡아 봅니다. 동네 안의 사람들이 동네 밖의 무덤 사이에 거하는 자들보다 결코 더 낫지 않음을 기억하면서.

겨자씨 같은 삶의 자세로

예수께서 또 말씀하셨다. "하나님의 나라는 무엇과 같으며 또 무엇에 비길 수 있을까? 어떤 사람이 겨자씨 한 알을 밭에 뿌렸다. 겨자씨는 싹이 돋고 자라서 큰 나무가 되어 공중의 새들이 그 가지에 깃들었다. 하나님의 나라는 이 겨자씨와 같다" (눅 13:18-19).

사도들이 주님께 "저희에게 믿음을 더하여 주십시오"라는 요구에 주님께서는 "너희에게 겨자씨 한 알만한 믿음이라도 있다면 이 뽕나무더러 뿌리째 뽑혀서 바다에 그대로 심어져라 하더라도 그대로 될 것이다" (눅 17:5-6)고 말씀하셨다.

씨 중에서도 가장 작은 겨자씨가 왜 예수님에게서 천국의 비유로 그리고 믿음의 비유로 인용되었을까. 그것은 작은 겨자씨가 싹이 돋고 자라 큰 나무를 이뤄 공중의 새들까지 깃들이게 되는 생명의 신비함을 가르치기 위함이며, 또한 겨자씨만 한 작은 믿음이 상식을 초월한 초자연적 변화를 낳게 하는 믿음의 신비를 가르쳐 주기 위함이다. 비록 작은 씨앗일지라도 생명이 있는 곳에는 살아 움직이는 힘이 있고, 변화가 있으며, 새로운 생명을 잉태하는 놀랍고 신비한 기적이 있다. 결코 생명의 가치가 그 크고 작음의 외형에 있지 않으며 어떤 생명이든 생명 그 자체는 위대한 힘과 신비한 힘을 동일하게 지니고 있음도 증명해 준다. 이 작고 보잘것없는 한 씨앗의 가시적 성장에서 저 놀랍고 신비한 천국의 시작과 완성을 보게 한 예수님의 가르침은 얼마나 놀라운가.

요란하고 떠들썩한 군중의 모임에서 숱한 과시가 난무하는 인간적 회합에서, 그리고 돈, 명예, 권력이 우선하는 매력적(?)인 사회 속에서 천국을 이루는 어떠한 작은 겨자씨의 진실함과 신비함도 결코 찾을 수 없는 이유는 무엇인가. 그것은 천국을 이루는 그 작은 겨자씨의 숨은 노력도, 자신을 바치는 희생의 아픔도, 그리고 새싹을 돋게 하는 위대한 생명력도 지니고 있지 못하기 때문이다. 뿐만 아니라 씨앗이 자라 큰 나무를 이루기까지 장구한 세월을, 그리고 보잘것없는 어린싹이 우람한 나무가 되기까지의 숱한 어려움을 기억하지 못하기 때문이다. 그리고 작은 겨자씨 만한 믿음이 뿅나

무가 뽑혀 바다로 옮겨지게 하는 기적의 원동력이 되고 있음은 무엇을 의미하는가. 인간의 상식을 넘어서서 초인적이고 신비스러운 이 엄청난 기적이 그 작은 겨자씨 만한 믿음에서 비롯됨은 또한 무엇을 뜻하는가.

그것은 바로 그 믿음 속에 살아 움직이는 생명이, 자신을 비우는 겸손이, 자신의 힘이 아니라 오직 하나님의 능력을 바라는 겸허의 자세가 있기 때문이다. 10년, 20년 그리고 30년을 믿어 온 믿음의 연륜의 부피에서도, 교회 내의 굵직한 직분에서도, 산 기도와 방언과 병 고침의 신들린 기적에서도 아닌, 오직 끊임없이 작아지며 낮아지는 그 작은 겨자씨만큼의 철저히 부정된 자아에서 만 찾을 수 있는 그런 믿음을 뜻한다.

이제 우리는 겨자씨의 비유에서 생명의 위대함과 믿음의 신비함을 배운다. 그 작은 생명력이, 그 작은 믿음이 천국을 이루며 엄청난 기적을 이루는 비밀을 깨닫는다.

신앙 그리고 자아

자아는 우리 신앙인이 간과하기 쉬운 인격의 한 요소이다. 간혹 열심 있는 신앙인에게 자아에 대한 관심이 신앙의 열성에 가려지든가 흐려지는 경우를 보게 된다. 어떤 경우에는 신앙만이 모든 것이며 자아 따위는 아무런 의미도 없는 관심 밖의 문제라고 주장되기도 한다.

물론 믿음은 모든 것을 초월하여 비교될 수 없는 최고의 가치를 지니고 있음은 분명한 사실이지만. 이 믿음을 담고 있는 그릇이 바로 자아임을 알 때 믿음과 더불어 자아의 중요성도 강조되어야 함은 물론이다.

자아는 인격을 이루는 근간이며 현실을 살아가는 주체이다. 또한 신앙을 담는 그릇이며 하나님을 모시는 성전이다. 신앙을 담는 인격 곧 자아를 소홀히 할 때 여러 가지 문제들이 야기되기도 한다.

어떤 이는 산 기도나 요란한 부흥 집회하는 동안에 급작스러운 신접(?) 경험으로 자신과 하나님이 동일시되어 자신을 성령이 충만한 신령하고 전능한 초능력자로 인식하기도 하며, 또 어떤 이는 신앙 깊이가 더해 갈수록 모순과 열등감, 그리고 허물투성이의 자아는 망각해 버리고 방언과 병 고침과 예언을 행사하는 무흠의 기적의 인물로 부각되기도 한다.

신접이나 하나님과의 동일시 또는 초자연적 능력자들을 일컬어 전문가들은 '종교망상' 또는 '집단 정신병'이라고 혹평하기도 하지만, 인격 성숙이 뒤따르지 못한 이러한 일련의 신앙 현상은 분명 일시적인 신앙 병리임에는 틀림없다.

한 개인이 어린아이에게서 장성한 사람이 되기까지 기나긴 성장과정이 있듯이 인격 또한 유아적인 미숙한 상태에서 성숙한 인격으로 성장해 가는 기나긴 과정이 필요하다. 신앙 역시 어린아이처럼 미숙한 믿음의 상태에서 성숙한 상태로 성장해 가는 단계가 필요하다.

믿음 위에 덕을, 덕에 지식을, 지식에 절제와 인내를, 인내에 경건을, 그 위에 형제 우애와 사랑의 공급을(벧후 1:5-7) 쌓아가듯, 그리고 믿음 위에 사랑과 희락과 화평과 오래 참음과 자비와 양선과 충성과 온유와 절제란 9가지 성령의 열매를(갈 5:22-23) 맺어가듯, 믿음은 믿음 그 자체의 성숙함과 깊이가 요구된다. 곧 믿음은 성숙된 자아를 필요로 하며 성숙된 자아와 비례하여 믿음의 깊이가 더해 간다.

인격 곧 자아는 자아의 표출인 욕망을 전적으로 부정하는 불교나 또는 인격적인 모든 것을 비인격화해야 하는 힌두교의 자아 관념과는 크나큰 차이를 갖는다. 이 자아는 현실을 직시하여 본능적 충동을 극복해 가며 하나님의 뜻이 무엇인가를 분별하며, 그 뜻을 이루도록 성령을 모시는 그릇으로서 보다 건전한 자아, 보다 성숙하고 깊이 있는 자아, 그리고 보다 강한 자아가 요구된다.

모름지기 신앙은 성숙된 자아를 가꿔가야 할 의무를 지닌다. 신앙의 깊음과 성숙 속에서 하나님의 뜻이 이루어지기 위해 성숙한 자아 성장을 위한 끊임없는 노력이 필요하다.

자아는 곧 자기의식이며 나인 것과 나 아닌 것을 구별하는 주체다. 거짓된 나와 진실된 나를 구별하는 주체며 자기중심적 욕망의 충동과 하나님의 뜻을 구별하는 주체다.

자기의식의 출발은 정서적인 면에서는 긍정적이어야 하고 신앙적인 면에서는 철저히 부정적이어야 한다. 긍정적이라 함은 신뢰와 솔선력과 창의력을 바탕으로 하는 밝고 올바르며 꾸밈없는 솔직한 자아를 의미하고, 이는 긍정적 가정환경 또는 긍정적 삶의 경험에서 형성된다.

불신과 회의 지나친 열등의식과 수치감 그리고 적의감 등이 도사리고 있는 병든 자아 속에서는 건전한 신앙은 결코 자라지 못한다. 긍정적이지 못한 자아일수록 신앙 병리의 가능성은 높아지며 문제 해결의 신앙이기보다 문제의 도피 수단으로 신앙을 이용한다. 바로 이런 신앙을 매개체로 자기만족의 성취나 또는 자기 합리화의 출구로 삼는다.

긍정적 자아와 대조되는 신앙의 부정적 자기의식은 무엇인가. 그것은 곧 철저한 죄의식이다. 하나님 앞에서는 한 치의 선함도 자랑도 없는 철저한 자기부정의 죄의식이다. 내 속에 결코 선함도 그리고 원하는 선조차도 행하지 못하는 무능과 성악性惡의 존재임을 자각하는 바울의 죄의식(롬 7:18)이며, 사람이기보다 벌레와 같아 사람의 훼방 거리요 조롱거리인 비천한 존재임을 인식하는 다윗의 죄의식(시 22:6)이다. 또한 자신이 부끄러운 죄인이기에 주께서 떠나기를 간청하는 베드로의 죄의식(눅 5:8)이기도 하다.

신앙은 바로 철저히 부정된 자기의식, 곧 이 죄의식에서 출발한다. 텅 빈 가난한 마음(마 5:3) 속에서 비로소 하나님의 나라가 이루어진다. 나의 능력이 아니라 오직 예수 그리스도의 능력만이 역사하는 신앙의 위대함이 시작된다.

철저한 죄의식에서 출발하지 못한 신앙은 오직 하나님의 은혜로만 내가 사는 것임을 마음 깊이 인식하지 못한다. 죄의 용서함과 구원의 확신의 감격이 없다. 오히려 하나님과의 동일시로 자칫 교만한 자아가 싹틀 위험을 내포한다. 죄인 중의 괴수임을 고백하는 입술을 마음이 따르지 못하는 이중적인 신앙인이 되기 쉽다.

철저한 죄의식은 겸허한 신앙 태도와 자기를 낮추는 겸손한 인격을 동반한다. 자기를 낮추기 위한 인위적인 겸손이 아닌 마음 깊은 곳에서 우러나오는 겸허이며 낮아짐이다.

철저한 죄의식은 어디에서 오는 것인가? 죄인 중에 괴수며

내 속에 선한 것이란 하나도 없음을 자각하는 바울 같은 죄의식은 어디로부터 우러나오는 것인가? 그것은 곧 자신의 외적 행위를 훨씬 넘어서 보이지 않는 저 마음속 깊은 내면의 자신을 보는 것이요, 발견하는 것이요, 깨닫는 것이다. 아무도 들여다볼 수 없는 저 깊숙한 마음 가장자리, 탐욕과 미움과 시기와 이기심이 불타고 있는 의식을 넘어선 저 무의식의 수준까지 내려가는 것이다.

조그마한 외적 선행 속에까지 악의 동기가 도사리고 있는(롬 7:21), 오직 자기중심적이며 자기만족의 욕망뿐인 원시적 수준의 자신을 보는 것이다.

마치 벌거벗은 몸으로 거울을 보듯 꾸미지 않은 자신을, 의식하지 못하는 무의식의 자신까지를 율법의 거울 앞에 비춰 보는 것이다. 거기에는 온통 부끄러움과 수치만이 보인다.

한 치도 자랑할 것이 없는 낮아질 대로 낮아지는 겸허의 엄청난 변화가 시작된다. 이 변화야말로 니고데모에게 있어서 모태로 다시 돌아가는 불가능의 엄청난 변화이며(요 3:3-8), 다메섹의 사울이 바울이 되는 비합리적 변화이다. 오직 예수 그리스도 안에서만 비로소 가능한 변화이며, 물과 성령으로 거듭나는 극적이고 신비스러운 체험이다.

윤리적인 면에서의 긍정적인 자아, 신앙적인 면에서의 부정적인 죄의식의 자아, 이 두 가지의 상반된 양면성의 자아 속에서 세상을 지혜롭게 살아가며 하나님의 은혜를 감사하며, 그리고 하나님의 뜻을 이 땅 위에 이루어지게 하는 풍성한 삶(요 10:10)이 비로소 가능해진다.

「사람의 일이 제 눈에는 모두 잘 돼 보여도
하나님은 속 생각을 헤아리신다.」
– 잠언 16:2

그리스도의 편견

사람은 누구나 어느 정도의 편견을 가지고 있다.

편견은 그 사람의 인격을 특징 지우는 데 좁게는 병적 인간으로, 넓게는 뭔가 치우친 인간으로 나타나게 한다. 편견은 자신이 의식하고 싶지 않은 자신의 허물, 잘못된 감정, 생각, 경험, 그리고 충동 등이 의식의 영역에서 쫓겨나 무의식의 영역 속에 잠재해 있으면서 하나의 정신적 힘으로 활동하여, 의식하는 인격 기능에 영향을 미치게 하는 정신 기전의 한 산물이다.

자신 속에 내재해 있으면서 자신조차 받아들일 수 없고 더 이상 갖고 싶지 않은 부정적인 경향들이 반동작용이란 정신기 전에 의해 이미 자신의 것이 아닌 것처럼 느끼게 하고, 나아가서 본래의 것과 전혀 상반되는 것으로 변화되어 그것에 대해 오히려 부정적 태도를 취하게 하는 것이 편견의 정신분석이다.

따라서 남의 실수를 받아들이지 못하는 완벽주의의 인격 속에서 그와 같은 허물의 내용이 자기 자신 속에 있음을 완강히 부정하는 편견의 작용을 발견할 수 있으며, 남의 실수 속에서 자신이 지금껏 억눌려 온 결점들이 의식화되는 듯한 불안을 부정하고 방어하고 있음을 엿볼 수 있다.

유달리 성性에 금기taboo를 보이는 사람의 마음속에는 오히려 자신의 마음속에 내재하는 성적 범법성의 문제로 괴로움을 당하고 있음을 암시해 주고, 지나치게 성결함에 집착된 사람의 마음속에는 바로 자신의 불결함과 모순투성이의 인격 요소에 겸허하기보다 무조건 저항하고 부정하는 강한 위선의 심리가 작용하고 있음을 본다.

편견 속에 있는 자기모순은 자신의 상충적 생활뿐만 아니라 타인과의 부딪힘을 초래하고, 시기와 분쟁 그리고 분열과 불화를 가져오게 한다. 자기모순을 위장하는 편견은 자기와 남에게 솔직하지 못하고, 실수와 허물에 대한 용서와 이해보다 즉각적인 거부반응과 가차 없는 비난을 퍼붓게 한다.

그런데 여기 예수님의 발자취에서 우리는 놀랍게도 편견

적 그리스도를 만나게 된다. 성숙된 인격의 소유자보다 그리고 학문과 지식이 뛰어난 훌륭한 사람보다 오히려 어린아이가 천국인으로서 더 적합하다(마 18:3)고 주장한 그의 편견에서, 존경받는 사람 보다 그들의 틈바구니에서 짓밟힘을 당하는 지극히 작은 소자의 편에 서는(마 18:6) 그의 태도에서, 그리고 아흔아홉의 순한 양보다 한 마리의 그릇된 양을 찾으시는(눅 15:3) 그의 행동에서, 부모의 품속에 있는 자식보다 품을 떠나 거역하고 반역하는 자식의 돌아옴을 더욱 애타게 기다리는(눅 15:11) 그의 사랑의 마음에서 우리는 그리스도의 편견을 본다. 금식과 구제 그리고 율법 준수에 충실했던 바리새인보다, 교회당 한 모퉁이에 서기조차 부끄러워한 세리를 인정하신 그의 인간관에서도 우리는 그리스도의 편견을 발견한다.

그의 행동과 태도에서 그리스도는 버림받은 자, 병든 자 그리고 죄인의 편에 서는 편견을 보이셨다. 죄인인 「아담」 내가 있기에 그는 죄인의 편에 서는 편견자가 되었고, 치료받지 않으면 죽을 수밖에 없는 병든 「이브」 네가 있기에 그는 병든 자의 편에 서는 편견자가 되었다. 뿐만 아니라 그는 자신의 이러한 편견으로 바리새인과 제사장들의 버림을 받아 결국은 십자가의 고난까지 당하셨다.

그는 왜 병든 자만을 찾으시는 것일까? 그는 왜 죄인의 편에만 서는 것일까? 그는 왜 그의 생명을 바쳐 가면서까지 자신의 편견을 고집한 것일까? 이제 우리는 분명히 죄가 있으면서 마치 죄가 없는 것처럼 사는 바리새인적 편견과 죄가 없으면서 죄가 있는 것처럼 사신 그리스도의 편견을 본다.

실상은 죽어 있으면서 마치 살아 있는 것처럼 생각하는 율법주의자의 편견과 나는 죽고 내 안에 그리스도가 사는 은혜주의자의 편견을 본다. 죄의식보다 조그마한 선행을 더 의식하는 간사한 인간적 편견과 내 속에 선한 것이 하나도 없음을 아는 철저한 죄의식의 바울적 편견을 본다.

바리새인적 인간의 편견이 자기기만의 산물이며 神에 대한 위선의 마음이라면, 그리스도의 편견은 이를 부정하고 깨뜨리는 벌거벗은 죄인으로서의 神에 대한 솔직성의 태도이다. 그리스도를 만나는 자마다 누구든지 그리스도의 편견이 자신의 인간적 편견에 강하게 도전해 옴을 느낀다. 그의 편견으로 나의 인간적 편견의 벽이 허물어짐을 발견한다. 그리고 오직 그의 편견으로 내가 사는 길이 있음을 깨닫는다.

루터는 다음과 같은 고백을 우리에게 들려준다.

"오직 한 마리 잃어진 양만이 찾아 얻어지고, 오직 한 사람 속에 갇힌 자만이 해방되며, 가난한 자만이 부유하며, 약한 자만이 강하게 만들어지고, 자기를 낮추는 자만이 높아지며, 텅 빈 자만이 채워지고, 서 있지 않았던 자만이 세워지리라."

우리는 루터의 이 고백에서 그리스도적 편견의 승리를 발견한다.

주여, 나를 떠나소서

사람의 됨됨이는 자기의식으로 말미암고, 자기의식은 곧 자기의 모순과 부정을 인정하는 죄의식을 의미한다. 죄의식은 사람마다 그 차이를 가지며 개인의 성장과정, 교육수준, 환경을 통해 얻어진 가치관, 도덕관, 윤리관에서 그 차이가 있다. 더 나아가 깊게는 자신의 종교관에 따라 다르기도 하다.

우리 기독교는 보이는 행위persona에 대한 양심의 평가보다, 보이지 않는 인간의 마음에 깊은 내면의 세계에 내재하는 자신true person까지 볼 줄 아는 능력을 요구한다. 어떤 이는 이런 능력이 자신에게 있는 것으로 알고 온갖 수련과 고행을 통해 자아 발견을 하려 한다. 그러나 성경은 결코 인간에게 이런 능력이 존재하지 않음을 강조한다.

예수님은 인간의 노력으로 율법을 완성해 보려고 온갖 노력을 다한 율법律法주의를 단호히 부정하였다. 그것은 그들의 노력이 의식儀式을 낳고, 의식은 인간 행위를 앞세우며, 결국은 의식의 포로가 되어 의식을 하나님으로 착각하고 섬기는 엄청난 잘못을 가져왔기 때문이다. 성경은 믿음의 능력을 가르치며 곧 성령의 능력, 성령의 은사를 강조한다.

성령의 은사는 방언하는 것과 환상을 보는 것과 병 고치는 초자연적 능력을 행사하는 것보다 앞서서 자기 내면에 스스로 의식하지 못하는 죄까지도 깨닫게 하고, 하나님 앞에서 자신의 무력함을 실감케 하며, 스스로는 결코 설 수 없는(구원받지 못하는) 무능력한 존재임을 인식해하고, 이런 자신을 위해 그리스도께서 오셨고, 자녀로 삼아주신 그 사랑에 감격하여 감사하는 생활로 변화하게 하는 데 있다.

"건강한 자에게는 의원이 쓸데없고, 병든 자에 게라야 쓸 데 있느니라. 내가 긍휼을 원하고 제사를 원치 아니하노라. 내가 의인을 부르러 온 것이 아니요, 죄인을 부르러 왔노라." (마 9:12-13).

이것이 예수님께서 오신 분명한 목적이다.

바울은 "이와 같이 성령도 우리 연약함을 도우시나니 우리가 마땅히 빌 바를 알지 못하나 오직 성령이 말할 수 없는 탄식으로 우리를 위하여 친히 간구하시느니라"롬 8:26)고 하였다.

죄를 깨닫게 하는 성령의 역사는 다윗으로 하여금 "나는 벌레요 사람이 아니라 사람의 훼방 거리요 백성의 조롱거리이니이다" (시 22:6) "내 생명은 슬픔으로 보내며 나의 해는 탄식으로 보냄이여 내 기력이 나의 죄악으로 약하며 나의 뼈가 쇠하도 소이다" (시 31:10)라는 고백을 토하게 하였다.

"주님! 내가 내 어머니 품 안에서 내 어머니의 젖을 먹으며 범한 죄악들을 용서하소서." 어거스틴은 자신을 의식하지 못하는 갓난아이일지라도 하나님 앞에 분명 저지른 죄악 곧 원죄를 인정하고, 기억조차 없는 죄악까지도 용서해 주시기를 빌었다.

갈릴리 해변에서 살던 어부 베드로는 메시아를 만났다. 바로 그가 하나님의 아들이며 그리스도이며 구원자이심을 알고 그를 따랐다. 그러던 어느 날, 성령의 인도하심으로 그리스도를 영접한 후 베드로는 자신이 말할 수 없는 죄인임을 깨달았다. 그는 결코 그리스도를 가까이조차 할 수 없는 부끄러운 죄인임을 깨달았다.

그는 자신도 모르게 고백하였다.

“주여, 나를 떠나소서, 나는 죄인이로소이다” (눅 5:8).

그러나 그리스도께서는 죄인인 그를 들어 사람을 낚는 어부로, 교회를 세우는 반석으로 삼으셨다.

나르시스 이야기

나르시스는 그리스 신화에 나오는 한 미남 청년의 이름입니다. 그는 그를 사랑하는 에코의 열렬한 사랑의 호소에도 전혀 마음을 기울이지 않는 매우 교만한 청년이었습니다. 어느 날 그는 호숫가에 비친 자신의 아름다운 모습을 보고 넋을 잃은 채 그 호숫가를 떠날 줄 몰랐습니다. 언제까지고 그대로만 있던 그는 점차 몸이 쇠약해지고 정신이 흐려져, 마침내 호수에 빠져 죽고 말았습니다. 얼마 후 그 호수 위에 예쁜 한 떨기 꽃이 피어났는데 사람들은 나르시스가 죽어 꽃이 된 것이라고 생각하여 그 꽃 이름을 「수선화」라고 불렀습니다.

오늘도 우리는 우리 주위에서 나르시스 같은 사람들을 만납니다. 자기 잘남에 넋을 잃고 있는 그런 사람들을 말입니다. 우리 속담에 "제 잘난 맛에 산다"라는 말이 있지만, 실은 그런 삶을 나르시스의 삶과 같다고 말할 수 있겠습니다. 사람의 일생은 자기밖에 모르는 유아 상태에서 점차 성장해서 남을 의식하는 성숙한 상태로 발전해 가는데, 나이를 먹어

가면서도 자기밖에 모르는 그런 인격 상태에 머무르는 사람을 우리는 '나르시스 같은 사람narcissistic person'이라고 합니다.

성숙하고 훌륭한 사람은 어떤 인격의 소유자를 말하는 것일까요? 아는 것이 많고, 잘 생기고, 돈이 많고 아니면 지위가 높은 사람을 말하는 것일까요? 인격의 훌륭함을 가려내기란 무척 어려운 일이겠지만, 단 한 가지 차이점은 지식이나 재물이나 지위에 있지 않고 남을 생각하는 마음 바로 그것에 있다는 점입니다. 남을 생각하는 정도만큼 그 사람 인격의 훌륭함의 정도가 정해지는 것입니다.

남을 생각한다는 것은 무엇인가요.

그것은 남을 사랑하는 일입니다. 자신만을 위하지 않고 남도 함께 생각하고, 도와주고, 위로해 주고, 희생하는 사랑의 행위입니다. 이것은 동정보다 더 큰 힘을 가지고 있습니다. 동정은 남을 측은하게 생각하고 도와주는 정적情的 마음이지만, 사랑은 바른 일이라고 하면 남을 때려 아프게 해서라도 올바르게 인도하는 책임까지 지고 있기 때문입니다.

동정은 어린아이도 할 수 있는 마음의 한 표정이지만, 사랑은 성숙한 인격의 소유자가 아니면 불가능하다는 점에서 그 차이를 엿볼 수 있습니다. 그 이유는 나르시스 같은 속성을 버려야 하기 때문입니다. 자기만을 생각하고, 자기만을 위하고, 자기만이 잘난 것으로 생각하는 나르시스 같은 사람이라면 결코 사랑의 행위를 할 수 없습니다. 그런 사람은 자기 사랑밖엔 아무것도 있지 않으며, 남을 생각하고 사랑하는 능력이 결여된 어린애 같은 어른이라 하겠습니다. 사랑의 행위는 자기만을 사랑하는 나르시스 상태에서 벗어나 남을 생각할 줄 아는 보다 성숙한 인격의 소유자에게만 가능한 이유가 바로 고린도전서 13장에 잘 나타나 있습니다.

“사랑은 오래 참고, 온유하며, 투기하는 자가 되지 아니하며, 자랑치 아니하며, 교만하지 않고, 무례히 행치 아니하며, 자기의 유익을 구하지 아니하며, 성내지 아니하며…. 모든 것을 참으며, 모든 것을 믿으며, 모든 것을 바라며, 모든 것을 견디느니라.”

우리는 모두 훌륭한 사람이 되기를 원합니다. 더욱 성숙한 사람이 되길 원하며 남의 훌륭한 점을 보고 부러워하며 존경하기도 합니다. 때론 그 사람과 비교해서 자신이 못나고 모르는 것이 너무 많고 재능도 가진 것도 없는 비교조차 되지 않는 보잘것없는 존재라고 쉽게 단정해 버리기도 합니다. 그리고 심한 열등감에 빠져 얼굴도 제대로 들지 못하고 움츠린 삶을 살아가기도 합니다.

이처럼 사람은 잘나고 못난 것으로 차별되게 지음을 받은 것인가요? 결코 그렇지 않습니다. 어떤 사람은 열 가지 일을 하고 어떤 사람은 다섯 가지 일을 어떤 사람은 두 가지 일을 하는 양적인 차이가 있을 따름이며, 열 가지 일을 하는 것이나 다섯, 둘, 하나의 일을 하는 것이나 일을 한다는 데는 조금도 차이가 없는 것입니다. 다만 한 가지 일을 하더라도 최선을 다하고 성실하게 하는 태도가 중요한 것입니다. 한 가지밖에 하지 못하였다고 부끄러워하고 낙심해서 일을 하지 않고 그냥 포기해 버리는 성실하지 못하고 최선을 다하지 못하는 그런 태도가 문제일 뿐입니다(마 25장).

남을 생각하고 남을 위해 도와주려면 우리는 무언가 가진 것이 있어야 한다고 생각합니다. 언젠가 나에게 이런 자료가 준비되면 나도 시작하게 될 것이라고 마음을 먹기도 합니다. 그렇지만 우리 주의의 훌륭한 사람들은 모든 자료가 다 갖추어지고 준비가 완료되어서 시작했던 사람은 찾아보기가 어렵습니다. 내가 가지고 있는 어떤 것이라도 그것이 있으면 시작할 수 있습니다. 그것이 나의 자료이고 준비입니다.

나에게는 건강이 있습니다. 때문에 건강한 몸으로 작은 사랑을 실천할 수 있습니다. 또한 나에게 기도하는 열심히 있습니다. 역시 기도로 우리 주위의 불행한 사람을 위해 눈물과 땀으로 도움이 될 수 있습니다.

우리에게 기술과 재능이 있다면 그 기술과 재능으로 우리 사회를 밝고 더욱 윤택하게 가꾸는 도구로 삼아야 합니다. 우리에게 재산이 있다면 그 재산으로 그것을 필요로 하는 곳에 쓰이도록 해야 합니다. 결코 사람 앞에서가 아니라 하나님 앞에서 하듯(마 6:1), 내 오른손이 하는 것을 왼손이 모르게 하듯(마 6:3), 나의 귀중한 식물을 흐르는 강물 위에 던지듯(전 11:1), 성실하고 최선을 다하는 생활이 바로 사랑의 실천입니다. 바로 이런 삶이 나르시스의 삶에서 벗어나는 삶입니다.

오늘도 우리는 하루를 살아갑니다. 어떤 사람은 자기만을 가꾸어가는 나르시스의 삶을, 어떤 사람은 남을 생각하고 남을 위해 일하는 사랑의 삶을 살아가고 있습니다. 자기만을 위해 살아가는 사람은 언젠가 나르시스처럼 점점 쇠약해져 죽음에 이를 것이지만, 자기 것을 남에게 주고 마치 잃은 자와 같이 사는 사람은 더욱 풍요해지고 훌륭해지며 성숙해질 것입니다. 이것이 진리이며 삶의 지혜이며 사는 보람입니다.

가난한 마음

“심령이 가난한 자는 복이 있나니 천국이 저희 것임이요 ….”(마 5:3).

가난한 사람은 가진 것이 없는 사람입니다. 남들에게 자랑할 것도 내보일 것도 뽐낼 것이라곤 하나도 없는 사람입니다. 가진 것이 많은 부자처럼 으스대지도 못하고 가진 것들을 자랑하느라 떠들썩거리는 분주함도 없습니다. 가난한 사람은 언제나 겸손하며 조용하여 말이 없습니다. 남보다 앞서지 않으며 자기주장을 삼가하며 자신보다 남을 낫게 여기며 두려워합니다.

가난한 마음도 이와 같습니다. 그 마음속에 가진 것이라곤 하나도 없기에 자기만족에 빠지거나 자기를 내세우며 뽐내며 자랑하지를 못합니다. 그 마음속에 남보다 나은 지식도 없고 칭찬받을 만한 인격의 훌륭함도 그리고 남에게 베풀 착함도 없습니다.

가진 것 없는 가난한 사람이 언제나 움츠려 있듯이 가난한 마음의 소유자는 언제나 자기를 낮추며 후회하며 부끄러워합니다.

가난한 마음은 떳떳한 사람들의 틈에 낄 수 없는 부끄러운 세리와 같은 마음이며, 자신을 개에 비기면서까지 은혜를 사모한 가나안 여인(막 7:28)의 마음이기도 합니다. 집을 떠난 탕자가 모든 것을 탕진한 후 의지할 곳 없어 아버지 집의 종이 될 것을 결심(눅 15:19)하는 탕자의 마음이기도 하며, 부자의 식탁에서 떨어지는 부스러기로 주린 배를 채우는 거지 나사로의 마음(눅 16:21) 이기도 합니다.

그렇지만 예수님은 이런 가난한 마음을 칭찬하셨습니다. 세상 모든 사람들이 싫어하는 가난한 마음을 오히려 '복 있는 마음'이라고 가르치셨습니다. 대부분의 사람들이 남들에게 칭찬과 존경을 받고 많은 상을 타기를 바라는 바리새인과 같은 부자의 마음을 원하는 대신, 예수님은 모두가 손가락질하는 세리나 간음한 여인 그리고 거지 나사로나 아버지를 배반한 불충한 탕자의 그 가난한 마음을 원하였습니다. 왜냐하면 저들에게 자신의 행위에 만족해하며 뽐내는 바리새인의 교만함이나 부자의 자만이 없기 때문입니다. 저들에게 세상의 부귀나 명예로 더 이상 바랄 것이 없는 풍요로운 부자의 마음을 갖고 있지 않기 때문입니다.

아무것도 내세울 것도 자랑할 것도 없는 가난한 마음이 복이 있음은 무엇 때문입니까? 그것은 텅 빈 가난한 마음이라야 채워질 수 있는 그 어떤 신비함이 있기 때문입니다. 한 치의 자기 잘남이나 뽐냄이나 자랑이 있고서는 채워질 수 없는 그 어떤 비밀스러움이 있기 때문입니다. 대부분의 사람들이 갖고자 애쓰는 부자의 마음으로는 결코 만날 수 없는, 다만 가난한 마음의 소유자에게만 주어지는 철저한 제한성이 있기 때문입니다.

오직 가난한 마음만이 채워질 수 있는 그 신비함과 비밀스러움은 무엇입니까. 그것은 천국입니다. 곧 '하늘나라'입니다. 예수님을 왕으로 모시고 사는 영원한 복된 나라입니다. 천국의 소유자가 되는 것이며, 천국의 시민이 되는 것이며, 천국이 주는 기쁨과 소망과 사랑과 영원함을 얻는 것입니다. 세상의 어떠한 것 과도 견줄 수 없는 최상의 값진 보배를 얻는 것입니다. 이토록 값진 보화를, 신비함을, 그리고 비밀을 오직 가난한 마음에게만 준비함은 얼마나 복된 약속입니까.

우리는 이 값진 보화를 얻기 위해 그리고 천국 시민이 되기 위해 예수님처럼 가난한 마음을 배워가야 합니다. 본래 하나님이시면서 모든 것을 다 내어 놓고 종의 신분을 취하셔서 우리와 똑같은 인간으로 오신 예수님의 겸손의 마음을 배워야 합니다(빌 2:6-8). 뿐만 아니라 우리 죄인들을 대신해 십자가에서 피 흘려 죽기까지 하신 사랑과 희생의 마음을 배워야 합니다. 물질의 부유함이나 세상을 떠들썩하게 하는 기적이나, 모든 사람으로부터 존경과 찬사를 받는 명예의 유혹(마 4:1-11)에서 오직 말씀과 진리의 편에 서신 영원한 삶의 예수님을 배워야 합니다.

여우도 굴이 있고 공중의 새도 집이 있건만 머리 둘 곳조차 없으신 그토록 가난한 삶 속에서, 소유하기보다 바른 존재의 삶이 어떠한 것임을 몸소 체험으로 본을 보여 주신 예수님에게서 기독교의 삶을 배워야 합니다. 자신을 내세우기는커녕 멸시와 천대와 조롱의 수욕의 길을 묵묵히 걸으셨던 예수님의 삶 속에서, 바로 천국을 소유하며 천국인이 되는 가난한 마음의 길이 있음을 깨달아야 합니다.

오늘도 우리는 세상 어디에서도 찾아볼 수 없는 값진 보화 곧 천국을 소유하기 위해 예수님이 걸어가신 가난한 마음의 삶을 살아가고 있습니다. 비록 이 세상에서는 부귀와 명예와 칭찬을 얻는 '부자 마음'의 삶이 아니더라도 낙심하거나 슬퍼하지 않을 것입니다. 아무도 알아주는 사람 없어도, 칭찬과 존경해 주는 이 없어도, 그리고 가난한 삶 속에서 좌절과 멸시를 당한다 하더라도 묵묵히 기쁨으로 이 '가난한 마음'의 삶을 살아갈 것입니다. 왜냐하면 오직 이 삶 속에서만 우리가 누릴 영원한 행복이 있기 때문입니다.

「검소는
사람을 하나님께로 인도하고
사치는
사람을 죄악으로 이끈다.」
– 유대 격언에서

멋있는 삶

사람은 누구나 한 번쯤은 세상에 태어나서 남보다 뛰어난 유명인이나 인기인이 되고 싶고, 남부럽지 않은 멋있는 삶을 살고 싶은 강한 욕망을 가지고 있다.

그렇지만 우리 모두의 열망의 대상인 출세나 성공적인 삶은 아무에게나 주어지는 것은 결코 아니다. 다만 소수만이 이 영광의 기회를 얻을 뿐이며 대다수는 어쩔 수 없이 좌절과 패배의 쓴잔을 마셔야만 한다. 성공한 자는 모든 것이 주어지는 특혜의 행운을 누리지만 패배자는 모든 것을 잃어버리는 불운의 낙오자가 될 수밖에 없다.

소수의 특정인은 역사상의 주체가 되는 것이나 대다수는 역사 창조의 중심권 밖으로 밀려나는 무력한 존재가 된다.

어쩌면 세상은 승자의 편에만 서며 잘나고 돈 많고 재능 있는 사람만을 위해 모든 특혜를 부여하고, 가난하고 재능 없는 약자에 대해서는 잔인하리만치 냉정하고 차가운 태도로 외면하는 불공평한 것으로 느껴지기도 한다. 오직 우월한 사람에게만 모든 기회를 허용하고 그렇지 못한 사람에겐 기회의 인색을 보이는 편견의 장으로 보이기도 한다.

그러나 비록 세상이 승자와 패자를 갈라놓는 잔인한 심판자와 같다고 하더라도, 또 우월한 자에게는 관대하고 약자에게는 냉대하는 편견성을 지니고 있다고 하더라도, 승자나 패자 모두가 살아가야 할 귀중한 삶의 태도가 있다. 그것은 세상은 강한 자와 약한 자를 갈라 두고 서로를 분리시키려 하지만 이 삶은 서로를 연결하며 하나로 합치게 하는 삶이기도 하다. 비록 외적인 우월성은 얻지 못한다고 하더라도 인간 삶의 참된 내적 승리를 얻게 하는 진실이 있는 삶이기도 하다.

모두를 하나로 뭉치게 하는 삶, 보람과 의미가 넘치는 삶, 진정한 승리가 있는 삶, 그리고 기쁨이 있는 삶, 우리는 이런 삶을 '멋있는 삶'이라고 부른다.

멋있는 삶은 과연 무엇인가?

멋있는 삶은 주는 삶이며, 다른 사람을 기쁘게 하는 삶이다. 주는 것은 마음을 주는 것이요, 관심을 주는 것이요, 시간과 재물을 주는 것이며, 사랑을 주는 것이다. 내가 가진 그

것으로 나 아닌 다른 사람에게 대가 없이 베푸는 것이다. 즉 받기만 하는 삶에서 주는 삶으로의 전환이며, 자기 관심의 삶에서 이웃 관심의 삶으로의 확대이기도 하다.

멋있는 삶이 있는 곳에는 언제나 기쁨이 있고 가슴 뿌듯함이 있다. 남의 아픔을 나의 아픔으로 삼는 고통도 있다. 남의 슬픔을 나의 슬픔으로 받아들이는 눈물이 있으며 남의 기쁨을 나의 기쁨으로 여기는 웃음이 있다.

비록 배운 것은 없고 가진 것은 없을지라도 남을 생각하는 그 마음속에는 그 어떤 것으로도 채울 수 없는 풍성함이 있다. 또한 많은 것은 아닐지라도 가난한 이웃을 향한 손길은 세상 어떤 것과도 비교할 수 없는 따스함과 부드러움이 있다.

나의 몸은 피곤할지라도 이웃의 아픔과 슬픔을 함께 나누는 그 정성 속에는 그 어떤 것과도 비교할 수 없는 성스러움이 깃들어 있다.

우리 모두는 유명인이나 인기인이 될 수는 없다. 모두가 성공하고 승자가 되지는 못한다. 그러나 내가 서 있는 그곳에서 나의 이웃을 생각하며 이웃과 함께 나누는 그 작은 삶

속에서 진정한 기쁨과 사는 보람이 있음을 발견하게 된다. 이런 멋있는 삶 속에 진정한 승리가 있음을 깨닫는다.

"형제를 사랑하여 서로 우애하고 존경하기를 서로 먼저 하며…. 즐거워하는 자들로 함께 즐거워하고 우는 자들로 함께 울라 서로 마음을 같이하며 높은 데 마음을 두지 말고 도리어 낮은 데 처하며 스스로 지혜 있는 체 말라"(롬 12:10-16).

내적 성숙

내적 성숙이란, 외형적인 신체적 성숙과 비교해 볼 때 보이지 않는 또 다른 정신적 또는 마음의 성숙을 말한다. 사람은 누구나 나이를 먹어감에 따라 자연적으로 신체적 성숙에 이르는 것이지만, 정신적 성숙인 내적 성숙은 반드시 연령에 비례하지 않는다. 그 이유는 내적 성숙을 위해서는 그 나름의 교육과 훈련이 필요하기 때문이다.

내적 성숙을 위한 교육과 훈련은 무엇인가. 그것은 인간다움을 배워가는 것이고 자신뿐만 아니라 다른 사람에게까지도 유익한 존재가 되도록 훈련해 가는 것이다. 또한 자신만의 삶에서 벗어나 우리 모두의 삶을 위해 상부상조하는 공동체적 삶을 배워 가는 것이다.

내적 성숙이 따르지 않는 교육은 진정한 교육의 부재이며 다만 기술을 가진 인간의 양성에 불과하다. 비록 지식과 재능에는 뛰어나다 하더라도 여전히 성숙되지 못한 상태, 곧 미숙한 인간으로 머무르고 있을 뿐이다.

미숙한 사람의 생활 방식은 오직 자기중심적이다. 주는 것보다 가지려 애쓰며, 희생하기보다 빼앗기에 열중한다. 자신의 소유를 놓치지 않기 위해서, 그리고 더 많은 것을 소유하기 위해서도 저들의 지식과 재능은 그릇된 수단과 방법으로 이용된다. 자신 외에는 모두가 적의적敵意的인 경쟁의 대상이 될 뿐 함께 나누며 가지는 선량한 형제애적 정신은 없다.

최근 세계와 우리 주변은 빈번한 테러와 폭력으로 공포에 휩싸여 있다. 귀중한 인명을 앗아 가는 잔인한 살상 행위가 한갓 개인 집단의 이념이나 사상 따위의 도구가 되고 있음을 보게 된다. 저들 자신들의 이해나 전략을 위해서는 그 어떤 폭력이나 파괴 행위도 서슴없이 자행될 수 있다는 분명한 현실에 직면하게 된다.

인간이 인간다워지기 위해서는 참된 교육과 훈련의 길 이외는 아무것도 없다. 진실된 교육과 훈련만이 동물과 같은 원시적이고 본능적인 삶을 사랑과 선함의 참된 인간 모습으로 회복시켜 주는 것이다. 오직 '내적 성숙'만이 용광로의 풀무와 같은 공격적이고 충동적이며 이기주의적인 인간 본능을 순화시켜 이해와 양보의 슬기로운 마음으로, 그리고 사랑과 봉사의 애타주의적愛他主義的 마음으로 승화시켜 주는 것이다. 바로 여기에 참된 교육과 훈련의 의미가 있고 내적 성숙의 고귀함이 있다.

내적 성숙은 나와 남을 동일하게 여기는 동일시同一視의 마음으로 충만되어 있다. 나를 아끼듯 남을 아끼며, 내가 소중하듯 남을 소중하게 여기며, 나의 존엄성을 인정하듯 남의 존엄성을 인정하고 존경하는 마음으로 가득 차 있다. 뿐만 아니라 나의 존재는 네가 있음으로 해서 가능함을 언제나 마음에 새기며, 빚진 자와 삶의 자세로 성실함과 감사함으로 살아가야 할 것도 잊지 않는다.

내적 성숙은 '주는 마음' 이기도 하다. 내가 가진 것을 나의 소유로만 감싸려 들지 않고 하나님이 나에게 위탁한 것으로 믿고 필요한 이들을 위해 즐거운 마음으로 베풀며 나누는 희생의 마음이다. 주는 것은 잃음이 아니라 너와 나 모두가 풍성해지는 것이며 함께 성숙해지는 것이다. 그것은 받는 자의 마음을 기쁘게 하고, 사랑을 느끼게 하며, 주는 자의 삶의 고귀함을 깨달아 동참하는 참여의식을 낳기 때문이다.

내적 성숙은 또한 사랑의 마음이다. 사랑은 성숙한 마음이 소유하는 최고의 감정이요, 생명력이요, 힘의 원천이다. 이 사랑으로 인해 우리는 오직 자신만을 위하고 생각하는 유아적인 태도에서 벗어나, 나 이외의 다른 사람을 생각하며 아끼는 넓은 마음을 가지게 된다. 오직 이 사랑의 마음으로 인간의 함정인 이기주의의 극복이 가능하며, 너와 나 사이의 두터운 마음의 벽을 허물어 우리 모두가 형제와 이웃이 되며, 자기를 사랑하듯 남을 사랑하는 사랑의 실천이 비로소 가능하게 된다.

오늘도 우리는 가정과 학교, 일터에서 내적 성숙을 향한 교육과 훈련을 끊이지 않는다. 나와 내 이웃 그리고 우리 모두가 평화롭게 공존하는 길이 참된 교육과 훈련을 통한 내적 성숙에 있음을 깊이 자각하면서….

자연스러움

사람에게는 저마다 제각기 풍기는 분위기가 있다. 차갑고 딱딱한 분위기를 보이는 사람이 있는가 하면, 부드러움과 따뜻함을 풍기는 사람이 있다. 또 지나치게 쌀쌀하고 고高자세의 사람이 있는가 하면 겸손하고 상냥한 분위기의 사람도 있다.

좀 배웠다는 사람의 그 아는 체하는 자기 잘남의 오만함이 있는가 하면, 지식이 더할수록 자신의 부족함과 미숙함을 더 깊이 깨달아 가는 겸허한 자세의 사람도 있다. 속은 비어 있으면서도 겉모양의 화려함으로 자신의 빈속을 위장하는 위선의 사람이 있는가 하면, 자신이 가지고 있는 그대로를 꾸밈없이 솔직하게 나타내는 진실함의 사람도 있다.

이렇듯 사람마다 지니고 있는 저마다의 분위기는 곧 그 사람의 됨됨이이며 인격의 표현이다. 일반적으로 인격은 사람의 보이지 않는 부분, 곧 속사람의 참모습을 들어 말하기보다 오히려 보이는 부분 곧 외형적인 겉사람의 꾸며진 모습을 가리킬 때가 많다. 그렇지만 우리는 꾸며진 외형적 모습 속에서 보이지 않는 그 사람의 진실된 모습을 찾는 것은 그렇게 어렵지 않다.

이를테면 자기 잘남의 오만과 교만의 태도 속에서 자기 무지나 유아적 미숙성을 발견한다든가, 또는 지나친 엄격함과 냉정 속에 서 허약하고 좌절하기 쉬운 정서적 불안정과 패배감을 발견하게 되는 것 등이다.

뿐만 아니라 자신의 내적 성숙보다 눈에 보이는 명예나 지위 그리고 재물 따위로 자신을 꾸미는 화려한 외형 속에서, 우리는 심화된 내적 공허함과 열등의식으로 점철된 신경증적 갈등을 발견하기도 한다.

그 외에도 우리는 지나치게 순종적이며 자기주장을 감추는 저자세의 태도에서 오히려 다른 사람보다 더 많은 공격심과 적의감이 도사리고 있음을 발견하게 되며, 독창적이고 소신에 찬 솔선수범보다 남의 비위나 맞추고 칭찬받기에만 급급한 기회주의적인 태도 속에서 유아적인 의존심과 주체성의 허약함을 발견하기도 한다.

이렇듯 우리 모두는 모순된 인격으로 살아가고 있는 것

이지만 이러한 이중적이고 위선적인 태도를 극복하고 속사람과 겉사람이 일치하는 인격의 태도가 여기 있다. 진정 우리가 배워가야 하고 그리고 닮아가야 할 멋있는 인격, 멋있는 분위기가 있다. 그것은 곧 자연스러움이다. 자연스러움은 속사람과 겉사람이 다르지 않고 하나가 되는 솔직함이며 진실함이다. 거짓도 없고 꾸밈도 없는 있는 그대로의 자기를 나타냄이다. 여기에는 남에게 잘 보이기 위한 자기 위장도 남에게 돋보이기 위한 자기 과시도 없다. 언제나 열려 있는 마음으로 누구든 따뜻하게 맞이하며 부드러운 대화를 주고받는다.

그리고 남을 경계하거나 두려워하는 자기 방어가 없음으로 해서 마음은 언제나 자유롭고 안정되고 평화롭기만 하다.

자연스러운 마음은 언제나 가까운 이웃을 갖는다. 그것은 저들이 기뻐할 때 함께 기뻐하는 마음을 가지고 있기 때문이며, 저들이 슬퍼 눈물 흘릴 때 함께 우는 마음을 가지고 있기 때문이다. 저들의 고통을 자신의 고통으로, 저들의 외로움을 자신의 외로움으로 삼는 마음을 가지고 있기 때문이기도 하다.

자연스러운 마음은 언제나 젊음과 건강이 넘치게 한다. 그것은 자기 방어를 위한 불필요한 정신적 신체적 소모가 없기 때문이며, 사람의 몸과 마음을 상하게 하고 병들게 하는 불안과 근심, 그리고 원망과 분노의 부자연스러움에서 멀리 떠나 있기 때문이다. 자연스러움은 언제나 우리의 몸과 마음을 최적의 기능으로 활동하게 하고, 그리고 가볍고 상쾌한 평온의 기분을 유지시켜 가도록 해 준다.

우리의 삶을 건강하게 해 주고 풍성하게 가꾸어 가도록 해 주는 자연스러움은 곧 어린아이처럼 살아가는 데 있다고 하겠다. 그것은 미움도 원망도 그리고 자기도취나 자기 과시도 없는 순수하고 천진난만한 어린아이의 모습에서 진정한 자연스러움이 있음을 발견하기 때문이다.

긍정적 자기암시

사람은 누구나 매일 자기 암시自己暗示를 하며 살아가고 있다. 불안과 걱정스러운 일을 앞에 두고 자신 스스로를 달래며 용기를 불어넣기도 하고, 마음을 아프게 하는 양심의 가책에 대해 그럴듯한 변명으로 자기를 위로하기도 하며, 믿어지지 않는 일에 대해 신념과 확신을 반복하면서 강한 신뢰信頼를 유지하려고 한다.

이런 의미에서 자기 암시란, 어떤 문제나 사건을 앞에 두고 일어나는 마음의 동요나 불안감을 스스로 타이른다든가, 위로 또는 설득하면서 자신에게 확신과 자신감을 갖게 해주는, 없어서는 안 될 중요한 심리적 기능의 하나라 할 수 있다. 사실 우리에게는 언제나 평안과 기쁨의 생활만 있는 것은 아니다. 평안보다 더 많은 불안들이 우리의 생활을 괴롭히며, 기쁨보다 더 많은 슬픔이 우리의 마음을 아프게 하기도 한다. 뿐만 아니라 용기와 자신감의 의욕적인 삶으로 살아가기보다 오히려 좌절과 실의의 의기소침意氣銷沈하는 삶에서 방황하기도 한다.

이렇듯 매일같이 우리에게 밀려오는 다양하고 복잡한 여러 가지 심리적 압박 속에서, 우리의 건강을 지켜 주고 마음의 무거운 짐을 가볍게 해 주며 삶의 대열에서 낙오하지 않도록 도와주는 자기암시의 심리적 기능은, 바로 우리 인간에게만 부여된 본능이자 생존의 지혜라고 할 수 있다.

우리의 삶을 건전하고 풍요하게 이끌어 주는 자기 암시를 우리는 '긍정적 자기 암시'라고 말한다. 긍정적 자기 암시는 곧 매사를 어두운 면보다 밝은 면으로 보려고 애쓰며, 불신보다 신뢰를, 결점보다 장점을 보려고 힘쓴다. 그러므로 삶에 있어서 언제나 진취적이며 도전적이다. 몸과 마음은 용기와 자신감으로 건강과 활기에 넘치며 여유를 잃지 않는다.

이에 비해 어떤 사람들은 쉽게 '부정적 자기 암시'에 빠져들기도 한다. 매사를 어둡게만 보려고 하며 신뢰보다 불신의 마음으로, 확신보다 좌절의 나약한 마음으로 기울어지기도 한다. 언제나 불가능의 암시에서 헤어나지 못하며 주저와 망설임으로 제자리걸음만을 되풀이한다.

흔히 신앙인은 믿음이 없는 자보다 생활이 밝고 활력이 넘치며 여유가 있다고들 한다. 그것은 저들의 삶 전부를 하나님에게 의탁하는 전적인 신뢰가 있기 때문이며, 신앙에서 얻어진 강한 신념과 확신의 긍정적 자기 암시가 저들의 생활 주변에서 언제나 떠나지 않고 있기 때문일 것이다.

신앙이 기반이 된 자기 암시에는 오직 긍정적이고 창조적인 자기 암시만 있을 뿐이며, 자신이 직면하고 있는 모든 문제들을 하나님께 의뢰하며 확신과 자신감으로 과감히 도전해 가는 적극적인 삶의 자세가 있을 뿐이다. 뿐만 아니라 크고 작은 일 모두가 선한 목적을 지니며, 대하는 사람마다 흐뭇함과 보람을 나눠 가지며, 오가는 말들이 부드럽고 따뜻하며 감동이 있고, 영감이 넘치는 긍정적인 대화로 삶을 풍요롭게 이뤄가기 위한 세심한 배려가 있기 때문이기도 하다.

긍정적인 자기 암시의 사람은 또한 긍정적인 타인 암시의 중요성을 잊지 않는다.

비록 작은 말 한마디, 가벼운 행동 하나라도 상대방에게

미치는 암시적 효과가 얼마나 큰 것인가를 항상 기억하며 세심한 주의를 잊지 않는다. 부정적인 자기 암시가 자신을 불안하게 하고 실의에 빠지게 하듯, 타인을 향한 부정적인 암시가 상대방의 마음에 불안과 동요를 일으키고 좌절과 실의에 빠지게도 할 수 있음을 간과看過해서는 안 된다.

우리는 이 세상을 살아가면서 가능한 한 나 자신에게 와 우리 이웃에게 불안과 어두운 그림자를 던져 주는 부정적인 암시보다, 우리의 삶을 건전하고 풍요롭게 이끌어 주는 신뢰와 자신감, 그리고 내일을 바라는 꿈과 용기를 심어 주는 긍정적인 암시를 주고받는 세심한 이웃이 되도록 노력해 가야 할 것이다.

타인 존중

남으로부터 따뜻하고 부드러운 말을 듣는 것은 참으로 상쾌하고 즐거운 일이 아닐 수 없다.

왜냐하면 그 속에는 상대방을 인정해 주고 존중해 주는 아름다운 마음씨가 있으며, 또한 사람을 외모로 보지 않고 인격으로 보는 진실성이 있기 때문이다.

그런데 처음 만난 사람의 입에서 예의는 고사하고 상대방을 무시하는 퉁명스러운 말을 대할 때, 순간적으로 이성을 잃어버리고 감정이 앞서게 되는 성급한 인간이 되고 만다.

이때는 평소의 갈고닦은 인내의 훈련도 이 불친절하고 경멸적인 언사에 물거품처럼 되어 버리고, 감정의 찌꺼기만 남는 안타까운 일을 경험하기도 한다.

우리의 옛 속담에 "가는 말이 고와야 오는 말이 곱다"라는 말이 있다. 오가는 말씨에 따라 사람의 감정까지도 달라질 수 있다는 말이며, 대수롭지 않은 말이지만 그 속에는 그 사람의 전全인격과 감정이 내포되어 있음을 뜻하는 말이다.

흔히 경험하는 일이지만 자신의 신분보다 높은 사람에게는 최대한 존경과 경어를 표현하려고 노력하면서도, 자신보다 못하다고 생각되는 사람에게는 아무렇게나 대할 뿐만 아니라 퉁명스럽고 거친 말로 상대편을 무시해 버리는 경우를 자주 경험하게 된다.

사람을 사회적 신분이나 학력, 빈부의 차이에 따라 차별하지 않고, 모든 사람을 동일하게 마치 나에게 하듯 대할 수 있는 마음가짐을 가질 수 있다면 얼마나 좋을까.

남녀노소 그리고 빈부귀천을 넘어서서, 모든 사람에게는 어느 누구도 멸시할 수 없는 개개인의 '인격 존엄성'이 있음을 언제나 잊지 않고 생활화할 수 있다면 얼마나 행복할까.

다른 사람의 인격을 무시한다는 것은 곧 자신의 인격을 무시하는 것이고, 자신의 인격 존엄성을 스스로 포기하는 것임을 날마다 인식해 갈 수 있다면 얼마나 보람된 일일까.

어떤 정신의학자는 "자신을 볼 수 있는 만큼 남을 볼 수 있다"라고 말한 바 있다. 비록 배운 것이 많고 신분이 높다

하더라도 남을 무시하고 업신여기는 사람은 바로 자기 자신을 업신여기고 경멸해 오고 있는 사람인 것이며, 자신의 인격 존엄성조차 아직도 깊이 인식하지 못하고 있는 사람인 것이다.

나보다 못한 사람이라도 부드럽고 따뜻하게 대하며 항상 최선을 다하는 사람은 분명 자기 자신을 깊이 사랑하고 존경할 줄 아는 사람이며, 모든 사람 속에서 하나님이 주신 고귀한 인격 정신의 성품을 매일매일 발견해 가는 사람인 것이다.

가난하고 병들고 천대받는 사람들일수록 오히려 인격 존중의 그리움은 더욱 강렬하며, 더 많은 관심과 위로, 그리고 부드러운 언어가 저들에게 필요한 것임을 또한 깊이 인식하는 사람이기도 하다.

어느 누구에게도 마음의 상처를 주지 않고, 만나는 사람마다 상쾌하고 즐거운 기분을 안겨 주고 좋은 인상을 남겨 줄 수 있는 우리 모두의 삶의 지혜는 무엇일까.

배운 사람이나 못 배운 사람, 있는 사람이나 없는 사람, 우리 모두에게 동일하게 가르침이 되는 교훈은 무엇일까.

그것은 곧 예수님이 가르쳐 주신 “무엇이든지 남에게 대접을 받고자 하는 대로 너희도 남을 대접하라”(마 7:12)는 말씀임을 언제나 기억하고 실천해 가는 일이다.

「노동을 사랑하라 타인을 지배하는 것을 미워하라
권력을 가까이할 기회를 찾지 말라」
– 유대 격언에서

종교와 정신분석

일반적으로 종교는 신비를 두려워하는 마음 또는 공포의 감정에 그 근원을 두고 있는 것으로 지적되고 있다. 종교가 무엇인가 하는 의문은 오랫동안 신학을 위시한 여러 과학의 영역에서 매우 흥미롭고 중요한 질문의 대상이 되어왔고, 특히 종교의 심리적인 측면에 많은 관심을 가졌던 융C. G. Jung은 인류, 문화, 그리고 시대를 초월해서 자연 또는 미지未知에 대한 공포감이 상징이나 원초적인 형태archetype로 원시종교에 깊이 관여되고 있음을 관찰하기도 하였다.

반면에 종교의 무의식적 동기와는 달리, 신앙을 오히려 절대적 가치자 또는 궁극적 존재에 대한 인격적 헌신으로 그리고 인간 삶의 창조적 원동력으로 받아들이기도 하며, 곧 종교 경험을 하나의 인격적 경험으로 간주하기도 한다.

종교적 경험이 무의식의 동기에 의하든 또는 인격적 경험에 의하든지 간에, 종교에 관계하고 있는 것은 인간의 마음이라는 점에서 인격은 종교의 본질에 접근해 갈 수 있는 유일한 지름길이 되며, 이런 이유에서 심리학은 종교 연구의 중심 과학으로 인식되어 오기도 하였다. 그러나 심리학이 어디까지나 인간 중심에서 벗어나지 못하고 종교에 대한 인간 본능에만 관심을 가짐으로 해서 종교 연구의 가장 중요한 대상인 영혼의 연구가 결여된 인간 과학으로 밀려나고 말았다.

심리학의 이러한 한계점을 뛰어넘어 프로이드S. Freud는 종교의 본질인 영혼을 인간의 정신에서 찾아보려고 하였으며, 종교성을 담고 있는 인간 정신 내의 무의식의 영역이 종교의 본질에 접근해 갈 수 있는 지름길이 될 것이라고 주장하였다. 그는 종교 탐구에 있어서 궁극적 실재를 규명하는 존재론적 입장에서 보다는, 신앙이 형성되고 있는 심리적 동기와 그 과정을 무의식이란 정신세계에서 찾아보려고 하였다. 특히 그는 순수한 종교의 본질에 관해서 보다, 인간 내면에서 이미 변질되어버린 종교성宗教性에 대해 보다 많은 관심을 가졌고, 궁극적 존재로서의 神이 저들의 무의식의 세계 속에서 자신의 신경증적 또는 정신증적 욕구의 방편이 되고 있음을 발견하였다. 즉 저들이 갖는 신앙은 종교의 순수성과는 너무도 거리가 먼, 다만 저들 자신의 정신적 갈등의 투사

projection로서, 또는 종교적 의식 행위를 빌어 자신의 불안과 죄의식을 완화해 가려는 강박증적 증상으로 간주될 수밖에 없는 그런 부류의 종교성에 속하고 있다는 사실을 발견한 것이다.

인간은 누구나 마음속 깊숙이 자신이 용납할 수 없는 여러 가지 부정적인 인격 요소들, 이를테면 미움, 시기, 질투, 적대감, 공격심 등을 어쩔 수 없이 가지고 있으며, 이러한 요소들은 언제나 자신으로 하여금 죄의식guilt과 불안을 느끼게 하고 이 죄의식과 불안에서 벗어나기 위해 자신도 모르게 어떤 이상한 행위나 종교적 의식 행위를 부단히 반복함으로써 신비적인 속죄감을 얻으려 한다. 사실 이러한 속죄의식expiatory ceremony은 원시 종교인 종족 신앙totemism이나 제사totem feast에서 잘 나타나고 있으며 이런 반복적인 의식 행위를 통해 저들의 가족 또는 부족 간에서 경험된 뿌리 깊은 죄의식과 불안감을 덜어 버리게 된다.

프로이트에 있어서 이러한 변질된 신앙은 부친 콤프렉스father complex라는 또 다른 심리적 갈등에 기인되고 있음을 볼 수 있다. 즉 어릴 때의 유아에게 심어진 전능omnipotent

한 부친으로서의 이미지가 성장 후에까지도 소실되지 않고 그대로 지속되어 자신의 마음속에서 인격화된 신神으로 대치되어 나타나는 유아적 심리 현상이 바로 그것이다. 이를테면 어린 시절의 전지 전능한 아버지의 이미지가 어느덧 신으로 변모되어 그 아버지에게 지녔던 숭배감과 절대적인 의존심 그리고 신비적인 도움의 요청을 커서도 계속 유지하고 있는 것을 말한다. 바로 그에게 있어서의 神은 전지 전능한 아버지의 이미지의 환상fantasy이 외계로 투사된 것이며, 자신이 만들어 낸 神이며, 자신의 욕구를 충족시켜 주는 神인 셈이다.

환상적 신앙으로 쉽게 유도된 부친 콤플렉스의 심리적 갈등은 어릴 때의 부친과의 잘못된 정서적 관계를 유지했던 경우에서 쉽게 볼 수 있다. 이를테면 부친과의 지나친 의존심의 조성 또는 욕구에 대한 즉각적인 충족과 소원 달성을 경험해 왔던 자들이며, 성장 후까지도 이러한 유아적 관계와 욕구에서 탈피하지 못한 자들에게서 나타나는 심리 현상이라 할 수 있다. 이러한 미숙한 정서의 소유자들에게 있어서의 종교는 저들의 유아적 정서 관계를 이어 주고 강화시켜 주는 매우 편리한 심리적 방편이 되며, 이 종교적 관계에서 자신의 의존심을 충족해 가며 유아적 소원과 환상을 성취시켜 가며 그리고 현실과 유아적 정서 사이에서 일어나는 심리적 갈등을 완화시켜 나가게 된다. 종교는 바로 저들에게 있어서 유아적 소원 성취의 도구인 동시에 힘겨운 현실을 피해가는 현실 도피의 수단이 되기도 한다.

변질된 종교성의 소유자는 자신의 내면적 갈등을 현실적으로 인정하고 해결하기보다는 오히려 이를 부정denial 하며 마치 자신의 것이 아닌 양 외계로 쉽게 투사project 해버리는 심리기전을 즐겨 사용하며, 열등감이나 불안감 그리고 죄의식이 전혀 없는 닐바나열반, nirvana 같은 종교적 황홀감에 도취된 채 비현실적 세계에 남아 있기를 열망한다. 이러한 일련의 현실 부정의 유아적 심리는 곧잘 초자연적인 힘에 의존하며 즉각적인 소원 충족이 가능한 신비적 도움magic help을 바라게 된다. 현실적인 것을 비현실적인 것으로 착각하게 하는 무의식의 환상적 조작은 종교성이란 방편을 이용하여 쉽게 그릇된 신념, 곧 망상delusion과 환상hallucination에 빠져들게 하고, 마치 자신을 신神의 사자使者나 神적인 인물로 믿는 과대망상에 사로잡히게도 하며, 또는 신비적인 체험의 환상을 경험하게도 한다. 바로 이것이 종교적 망상이며 일종의 정신병적 현상이다. 또한 이러한 현상이 특정한 종교집단에서 발생하게 됨으로써 집단정신병으로 나타나기도 한다.

프로이트와 대조적으로 융C. G. Jung은 심리적 갈등의 탈출구脫出口나 소원 충족의 도구로서의 종교를 부정하고, 종교는 바로 개인의 심리적 기전을 훨씬 넘어 무한한 우주적 의지가 무의식의 에너지로 인간의 마음속에 잠재해 있는 것이라고 주장한다. 이러한 무한한 우주적 의지는 신비한 타자성otherness으로 개인 무의식을 초월해서 집단 무의식 속에 상징symbol이나 원초적인 형태archetype로 암시되어 있으며, 바로 이런 상징이나 원형을 연구함으로써 이 신비한 우주적 의지에 접근해 갈 수 있다고 주장한다. 융에게 있어서의 종교성은 프로이트의 한갓 주관적인 소원 충동의 내면화가 아닌 바로 무의식적 에너지의 원천인 것이며, 무한한 우주적 의지인 신비한 타자성他者性과 주관적인 심리와의 사이를 연결해주는 교량 역할을 하는 것이다. 나 아닌 타인과의 관계를 맺게 해주는 객관성objectivity의 근원이며, 대립에서 화해를, 인격적 분리에서 인격적 통합으로의 원숙한 심리 성취를 얻게 하는 신비한 힘 그 자체를 뜻한다.

오직 이 종교성에 의해서만 이 인간은 인간 생명의 존엄성에 대한 존경과 믿음을 가지게 되며, 인격의 통합과 개인화를 획득하며 그리고 비로소 삶의 의미를 찾게 되는 것이라고 강조한다.

개인의 인격의 독특성uniqueness을 주창한 하버드 출신의 심리학자 올포트G. W. Allport는, 개인의 인격은 어떠한 통계적인 평가나 실험의 집합적 요소에 굴복되거나 또는 과학적 데이터로 일반화시킬 수 없는 그 나름의 독특성을 지니고 있음을 강조한다. 신앙은 어디까지나 개인의 인격에 관한 것이며 개인의 인격 중심에서 우러나오는 원숙한 의지로, 그리고 개인의 인격 속에 잘 분화되어 존재하고 있는 인간 본성으로 받아들여야 한다고 주장한다. 전체를 부분으로 분해하거나, 살아 움직이는 행동을 단절된 본능이나 무의식적 인과론unconscious determinism으로 인간을 설명할 수 없다. 현재는 현재대로의 동기로서 한 목표를 향해 나가고자 하는 의식적인 의도conscious intention의 자율적인 기능을 가지고 있는 인간으로 그 인격이나 행동을 파악해야 한다. 이와 같이 신앙도 어떠한 목표의 타당성 또는 도달 가능성에 대한 동기를 가진 신념으로, 그리고 비록 이 목표가 한 개인의 인격의 갈망으로 설정된다 하더라도 역시 참된 가치로서의 평가를 받는 목표로서, 뿐만 아니라 그 목표 안에서 자신의 인격을 확대하고 완성하는 궁극적 시도로서 신앙이 이해되어야 한다고 주장한다.

유태인 사상가 부버M. Buber는 그의 독특한 「나와 하나님 I-Thou」 이론을 내세워 「나와 하나님」의 관계가 「나와 당신I-thou」 관계의 근원이 됨을 주장한다. 그는 개인으로서의 인간은 그 자체로는 도덕적이건 사상적이건 인간 존재일 수 없고, 사람과 사람과의 만남에서 비로소 존재의 의미가 이루어지며 삶의 의미가 있는 것이라고 강조한다. 만난다는 것은 대화의 삶을 말하며 이 대화 속에서 한 사람이 다른 사람에게 말을 건네고, 삶이 자기에게 무엇을 의미하는가를 상대방에게 제시하게 된다. 우리가 한 인격으로서 다른 인격에게 인격적 전달을 할 때 나의 전 인격이 상대에게 무엇인가 말을 해주며, 상대의 전인격이 나의 생활에 침투해 오게 되는 것이다. 곧 나는 당신과의 관계에서 한 인격이 되고 고립에서 공존共存을, 그리고 무의미에서 삶의 의미와 존재 가치를 얻게 된다고 설명하고 있다.

부버는 이 "관계의 의미"가 너무도 심오하고 또한 궁극성을 지니고 있음을 지적하고 있다. 즉 이 모든 관계 속에는 영원한 당신Thou이 계시되고 있다는 사실이다. "우리는 모든 당신들thou과의 만남에서 영원한 당신Thou을 만나게 되고 모든 당신들 가운데서 영원한 당신을 향해 말을 건네게 된다. 따라서 우리가 인간의 인격과의 관계를 버리고서 하나님과의 만남은 없으며 모든 상호 인격적인 관계 안에서만 하나님을 만나게 되는 것"이라고 설명하고 있다.

그에 의하면 종교적 경험의 본질은 상호 인격적인 것이며 이런 경험은 타자他者 곧 영원한 당신Thou에 대한 심오한 평가를 존중히 여기는 데서부터 생기게 되는 것이라고 한다. 그뿐만 아니라 그 타자는 나의 모든 관심을 바치는 궁극적 인격ultimate person이 되며 그리고 만난다는 것은 무슨 종교적 대상을 찾는 것이 아니라 한 인격으로서의 반응, 곧 응답하는 주체를 찾는 것이라고 주장한다.

부버는 비신앙적인 태도에 언급하여 하나님은 결코 철학자의 추상적인 추리로서 판단되는 그런 대상이 아님을 지적하고 있다. 인간이 추리해 낸 대상은 단지 사물It에 지나지 않으며 그 대상과의 관계I-It로서는 어떠한 인격적인 관계나 궁극적 의미를 찾을 수 없음을 강조한다.

인간의 재발견

문예부흥 이래 인간성에 눈뜨기 시작한 인간은 그들의 삶의 전부였던 신神 중심의 삶에서 벗어나 신앙의 주체로서 '나'인 인간 중심의 삶으로 옮겨가기 시작하였다. 자기 발견과 인간 정체正體의 확립은 절대적 권위인 교회와 신앙 그리고 신의 문제까지 거론하는 대담성을 가져왔고, 급기야는 신 없는 휴머니즘과 신을 대신하는 유물론을 낳게 하기도 하였다.

또한, 과거의 전통적인 기독교의 이원론적dualistic 관념에서 벗어나 정신psyche과 육체soma를 하나로 파악하는 전인적 인간whole person으로서 인간을 생각하는 또 하나의 업적을 남겼으며, 신 중심의 삶만을 강요해 왔던 오래된 전통의 기독교적 굴레 속에서 잃어버렸던 자기의식을 비로소 되찾기 시작하였다. 이제는 신앙의 대상으로서의 신의 문제보다 신앙의 주체로서의 인간의 문제에 보다 더 많은 관심을 쏟게 되었고, 삶의 주체가 다름 아닌 인간 자신임을 확신함으로써 자신의 세계를 확립하고 넓혀 가는 길만이 자신이 살 수 있는 길이며, 행복된 삶임을 발견하게 되었다.

이원론적 개념화에서 인간을 다루어 왔던 의학 역시 오직 육체적인 것만이 의학의 중심이 된다는 그릇된 관념에서 벗어나 육체적 질병을 앓고 있는 그 인격도 동시에 고통을 받고 있음을 발견하게 되었고, 육체적 건강뿐만 아니라 인격적 건강까지 치료의 대상으로 파악하고 회복케 해 보려는 전인적 치료가 시행되게 되었다. 정신의학은 바로 이러한 전인적 치료의 학문적 기초가 되었으며, 인격적인 면까지 의학의 영역 속에 끌어들임으로써 보다 과학적이고 합리적인 의학으로 발전케 하는데 크게 이바지하였다.

정신의학 중에서도 이러한 작업에 박차를 가하게 한 것이 정신분석학이며, 막연하게나마 인간 의식구조를 논해 왔던 심리학의 영역에서 진일보하여 또 하나의 의식세계인 무의식의 영역을 입증한 심층심리학으로서의 과학, 나아가서 인간 파악의 의학적 도구로서의 과학이 되었다. 또한 정신분석학은 보이지 않는 인체조직을 마치 현미경으로 볼 수 있듯, 보이지 않는 무의식의 세계를 가시적 세계로 확대시켜 보게 하는 의식의 현미경 역할을 해오기도 하였다.

융Jung은 무의식의 영역을 비유하여 "대양과 같은 무의식의 바탕에 한갓 자그마한 섬으로 자리 잡고 있는 의식"으로서 그 차이의 엄청남을 시사하고 있다. 이는 인격 속에 잠재해 있는 무의식 세계의 무한함과 의식하는 '나'의 세계의 극소함을 대조한 표현이다. 의식하는 나로서의 자아ego의 영역이 의식하지 못하는 무의식의 나id에 비해 이렇듯 극소하다고 함은, '나'이면서도 너무도 모르는 '나'로 살아가고 있는 자신임을 뜻하며, 의식하는 내가 그 자신의 전부인 양 착각하는 인간의 어리석음을 지적해 주고 있고, 아직도 모르는 자기임을 솔직히 인정하는 겸허한 자기 인식에 이르러야 함을 가르쳐 준다.

그러면 인간 그 전체를 차지하고 있는 듯한 무의식의 내용은 무엇인가? 그 속에는 삶의 본능인 에로스eros와, 공격성aggresso과 파괴성destrudo을 포함하는 죽음의 본능thanatos 등으로 구성되어 있고, 이러한 것들은 바로 세련되지 못하고 미숙한 상태로 남아 있는 야성적인 동물의 욕구와 충동 그리고 모순들로 가득 찬 본능 그 자체인 것이다.

인간의 의식이 부단히 이런 모순 덩어리인 본능의 요소들에 의해 무의식적으로 간섭받고, 지배당하고, 조정되고 있음으로 해서 정신분석적 인간관은 비극적 인간을 탄생시키고 인간을 불행한 삶의 존재자로서 인정하게 한다. 비극적 인간이라 함은 다만 긍정적 요소보다 더 많은 부정적 요소들에 의해 자신도 모르게 지배받아야만 하는 무기력한 자아ego이기 때문만은 아니며, 무의식의 요소들에 의해 조정받고 있으면서도 그런 줄 모르고 살아가는 자기의식insight의 결여까지 겸하여 가지고 있다는데 그 비극이 있다. 자신이 병들어 있으면서도 병의식을 갖지 못하는 무지가 바로 비극이며 인간의 불행이다. 육체적 병의식의 결여가 죽음을 초래하며 정신적 병 의식의 결여가 정신병을 초래하듯 인간 자신에 대한 자기의식의 결여는 인격적 병을 앓게 한다.

자신의 자그마한 신앙적 선善 행위가 전부인 양 착각하며 그것으로 만족하고 그것으로 신앙 깊이의 척도로 삼는 신자의 지나친 주관적 신앙 속에서 우리는 신앙적 정신병을 본다. 성경도 인간 존재가 바로 비극적임을 제시해 주고 있다. 바울은 로마서 7장에서 인간의 마지막이며 유일한 한 가닥 자랑인 선善의지마저 악에 의해 지배받고 동기화되고 있음을 간파하고, 인간 자신 속에 단 하나 자랑할 만한 선의지조차 갖지 못하는 비극적 존재로서의 비참한miserable 인간임을 고백하고 있다.

예수께서도 행위 이전의 충동과 동기를 지적함으로써 보이는 인간 행위보다 보이지 않는 인간 마음속의 무의식의 흐름에 더 큰 비중을 두었고, 정신적 방어기전을 거쳐 표현된 외형적 행위의 비진실성을 신랄히 비판하였으며, 결코 행위만이 신앙과 인격의 기준 설정에 전부가 될 수 없음을 가르치고 있다. 그러기에 자그마한 선 행위에 만족해하는 자보다 자신의 잘못을 마음 아파하는 죄인이 보다 솔직함을 강조하였고, 미움이 살인과 동일함을 가르침으로써 충동과 행위 사이에는 한 치의 간격도 있을 수 없음을 지적하였다.

인간에 있어서 무의식의 발견은 인간 자신으로 하여금 비극적 존재임을 인정하게 하지만, 육체를 파헤쳐 생명의 신비함과 비밀스러움을 발견하여 건강에 이바지하려는 의학적 시도처럼, 인간의 마음 곧 인격의 무의식의 영역까지 파고 들어가 무한히 잠재된 무의식의 요소들을 해부하고 분석하는 정신분석적 시도를 통해, 인간 자신이 자신의 주인이 되는 자기 발견과 솔직성 그리고 보다 넓고 풍부한 긍정적 삶을 이루는데 그 목적을 두고 있다.

정신분석학은 인간 발견 곧 자기의식에 이르게 하는 도구로서 무의식 세계를 발견하게 하고, 모르는 '나'id에서 아는 '나'ego로 의식의 영역을 넓혀가게 해 주며, 모순과 미숙 그리고 본능 덩어리인 이드id를 인식케 하여 먼저는 자신에 대해 겸허하고, 타인에 대해 관대하며 나아가서 하나님 앞에 철저한 죄인임을 솔직히 인정하게 하는 인간 재발견의 하나의 도구tool이 자 산지식인 것이다.

「현인이란 누군가.
모든 사람에게서 배우는 사람이다.」
– 유대 격언에서

저 새벽별의 꿈

– 성탄절에 부쳐

거세게 밀어붙이는 삶의 대열에 밀려 어느새 한 해의 마지막 달을 맞이하였다. 바쁜 나날을 지내다 보니 시간의 흐름조차 둔해지는 것 같다. 자기만의 조용한 시간을 간직하지 못한 채 한 해를 보내는 씁쓸함이 뭔가 우리의 마음을 어둡게 한다. 어둡고 공허한 마음, 그리고 조금은 울적한 마음을 달래고, 밝고 풍요함을 주는 기회는 없을까?

이제 12월에 들어서면 우리에게 한 가닥 꿈이 펼쳐진다. 바로 성탄절의 꿈이다. 무한한 신비와 진리, 그리고 은총이 넘치는 꿈이다. 기계의 톱니바퀴 마냥 쉴 새 없이 돌아가는 자동인형적 인간의 삶에서 벗어나 감격과 환희에 가득 찬 생명 있는 인간이 되는 꿈이다. 삶에 지친 무딘 감각이 새 혈류를 타고 전해오는 힘찬 맥박 속에서 신이 인간이 되어 우리에게 오시는 이 놀라운 사건을 감지하는 꿈이다.

기쁨과 슬픔, 그리고 사랑의 이야기를 나누는 이웃을 잃어버린 지 오랜 우리에게 헌 상처를 싸매주고 위로해 주며 사랑의 대화를 나눌 진실한 이웃, 선한 사마리아인을 만나는 꿈이다. 피리를 불어도 춤추지 못하는 자폐증적 증상에 빠져 있는 우리로 하여금 그토록 오랜만에 환한 마음으로 너와 나 두 손을 맞잡고 웃어보는, 그래서 두터운 인간 마음의 장벽이 허물어지는 꿈이다. 교만과 위선으로 인해 가난한 마음이 여지없이 짓밟히고 인간의 존엄성이 파괴되는 실낙원의 어두움이 변하여 겸손과 존경으로 가득 찬 새 낙원을 이룩하는 승리의 꿈이다.

성탄절이 주는 풍요한 꿈을 얻기 위해 고요히 잠든 베들레헴 작은 고을의 그 밤을 그려 본다.

12월의 차가운 겨울밤, 베들레헴 고을의 그 겨울 하늘은 유난히도 푸르고 아름다웠으리라. 온 세상 사람 잠들어 꿈꾸는데 별들만 높이 빛나고 있었으리라. 온 하늘 두루 비추는 수많은 별들, 그 별들 속에서 참 이상한 별을 찾아본다. 그리스도가 이 땅 위에 오신 먼 옛적 그 밤에 홀로 찬란히 빛났던 그 별, 온 인류가 깊은 잠에 잠잠할 때 아기 예수의 탄생하심을 밤새껏 말없이 지켜보았던 그 새벽별을 찾아본다. 바로 그 밤 아기 예수의 나심도 모르는 채 깊은 잠에 빠진 베들레헴 고을 사람처럼, 세상 삶의 깊은 잠에 취해 저 놀라운 새벽별의 속삭임을 듣지 못하는 게으른 자가 되지 않기 위해서도, 그리고 우리의 구세주의 나심을 알리는 천군 천사의 기쁜 찬송 소리를 놓치지 않기 위해서도 밤새워 귀 기울이며 저 빛나는 새벽별을 지켜야 한다. 비록 그 별빛을 따라 수천리 먼 길을 헤맨 동방 박사의 일생을 통한 간절한 바람은 없을지라도, 지금 캄캄한 이 밤에 온 하늘을 두루 비추는 저 놀라운 별빛의 속삭임은 들어야 한다. 좌절과 실의로 가득 찬 어두운 마음이 용기와 희망으로 차고 넘치게 할 그리스도 오심의 그 무한한 은총과 환희를 알려주는 저 새벽별의 신비를 찾아야 한다. 바로 베들레헴 작은 고을의 고요한 새벽이 하늘과 땅이 맞닿는 진리의 광명으로 찬란히 눈부신 아침이 되는 그 감격을 저 빛나는 별에서 맛보아야 한다.

성탄절은 분명히 우리에게 풍요한 꿈과 그리고 가득 찬 삶의 의미를 부여한다. 갇힌 자에게 해방을, 가난한 자에게 부유함을, 슬픈 자에게 위로를, 그리고 외로운 자에게 따뜻함을 얻게 한다.

외딴 마구간 말구유에 나심으로 그는 이 땅 위의 낮고 천한 버림받은 자들의 형제가 되었고, 병든 자와 죄인들의 친구가 되셨다. 그의 따뜻한 인간적 눈길은 두려움에 가득 찬 세리의 기도에 머물렀고, 그의 끝없는 사랑의 손길은 간음한 여인의 찢긴 마음을 감싸주었다. 피땀으로 엉켜진 십자가 지신 그의 어깨의 상처로 우리의 멍에가 가벼워짐을 체험하며, 그의 이마를 찌른 가시 자국마다 흘러내린 핏줄기로 우리의 허물이 씻겨짐을 깨닫는다.

채찍에 맞아 찢겨진 그의 등줄기의 깊은 상처로 우리의 죄가 산산이 흩어져 감을 발견하며, 그가 받은 징계와 그가 당한 수모로 우리의 교만한 마음이 여지없이 무너져 버림을 실감한다. 그가 오심으로 우리가 자유를 얻었고, '나' 임을 발견하며, 찾아진 한 마리 양이되어 삶의 의미를 얻게 되었다. 그의 오심과 사심과 죽으심을 통해 우리는 사랑의 진실을 배웠고, 이웃 사랑으로 우리의 삶이 더욱 풍요해짐을 알게 되었다. 산을 옮길 만한 믿음도, 천사의 아름다운 말도, 그리고 미래를 보는 예언의 능력 그 어떤 것도 결코 사랑에 비교하지 못함은, 오직 사랑만이 절망의 병을 앓고 있는 죄인인 우리를 새로운 인간으로 치유케 하는 생명의 원동력임을 깨닫기 때문이다.

그는 양 떼를 위하여 그리고 한 마리 잃어버린 양을 위하여 자기 목숨을 쉽게 버릴 줄 아는 선한 목자의 교훈을 몸소 실천하여 사랑의 진실을 보이셨고, 십자가의 죽음 앞에서도 원수를 사랑하고 용서하는 사랑의 무한함을 증명하셨다.

성탄절은 사랑의 계절이다. 가난한 자, 버림받은 자, 짓밟힌 자 그리고 죄인들을 찾아 필요한 것으로 채워주는 행동의 계절이다. 성탄절을 맞이하여 그리스도가 우리에게 찾아와 우리에게 베푸신 사랑의 행동을 기억해 본다.

그가 있음으로 우리가 있고, 그가 죽으심으로 우리가 살고, 그의 말씀으로 우리의 영靈이 배부름을 얻고, 그의 사랑으로 우리의 삶이 밝아진 것을 기억한다. 그가 우리의 곁에 계심으로 우리는 외롭지 않고 내일을 향한 힘찬 생명의 발돋움을 끊이지 않는다.

겨울밤, 밤하늘의 수많은 별들 속에 먼 옛적 베들레헴 고을을 밤새껏 지켰던 빛나는 저 새벽별의 신비함이여, 성탄절을 맞는 온 인류의 가슴속에 차고 넘치게 하여라. 들리는 소리, 전하는 언어는 없을지라도 그 별빛으로 하여금 우리를 위해 오시고, 사랑을 위해 오셔서 메마른 삶에 생명과, 시들은 영혼에 감격과, 공허한 마음에 환희로 가득 차게 하여라.

수천 리 길을 따라 찾아온 동방 박사 세 사람을 인도하던 저 놀라운 별빛이여, 그들의 오랜 꿈인 메시아의 만남을 이룩하게 한 저 새벽별이여, 분명 이 한 해에도 메시아를 갈구하는 수많은 사람들의 마음속에 찬란히 비추는 감격과 환희로 온통 넘치게 하여라. 비록 황금, 유향, 몰약의 값진 보배는 없을지라도 우리의 소중한 보배합을 깨뜨려 오늘도 구유에 버려진 채 아무도 돌봐주지 않은 가난한 저들을 위해 바쳐지게 하여라.

「사람들이 없는 곳에서
사람이 되기를 노력하라.」
– 유대 격언에서

인격발달 이론 대조표 (I)

정신성적 인격 발달(S. Freud) psychosexual personality development		
발달 시기	시기	특성
유아기(0~3세)	구강기 oral stage	의존성, 수용성, 축적성 보존성, 자기중심적
유년기(1~4세)	항문기 anal stage	공격성, 야심, 자기주장 강박성, 양가성, 투사성
생식기(3~5세) phallic period	학령 전후기	oedipus complex, 경쟁의식 거세 공포, 죄의식, 남근 선망
잠복기(7~12세) latency stage	학령기	사회성화(socialization) 자기성 확립(heterosexual identity) 동일시(identification) 친근감
청소년기(12~15세) adolescence period	학령기	정체성 확립/정체성 붕괴 근면성, 우월성 확립 이성적 관계(opposit sex_intimacy)
후기 청소년기(15~18세) late adolescence	청년기	정서적 성숙/고착(fixation) 성적 정체성/퇴행(regression) 대인관계 성숙/고립(isolation)
초기 성년기(18세~) young adult	성년기 adulthood	창의성, 생산성 성숙한 이성관계 독립성, 통합성
성인 adult	성인기(전기)	정서적 안정감 성숙한 대인관계 성숙한 이성관계 적극적 사회참여
성숙기 maturity	성인기(후기)	독립성, 통합성 애타성, 공감능력

정신사회성 인격 발달(E. Erikson) psychosocial personality development	
발달 과정	발달 실패
신뢰 basic trust	불신 mistrust
자율성 autonomy	수치감, 의심, 자신감 상실 shame, doubt
솔선력 initiative	죄의식 guilt
근면성 industry	정체성 붕괴 identity diffusion
자아정체성 identity	정체성 붕괴 identity diffusion
친밀감 intimacy	고립감 isolation
생산성 procreation generativity	침체성 stagnation
자아통합성 integrity	절망감 despair

인격발달 이론 대조표 (II)

삶의 양식 과정(박종권) process of life mode	
제 1 단계 (0 ~ 3세)	본능적, 자아 중심적 삶 life of instinct & self-centeredness
제 2 단계 (3 ~ 5세)	가치 인식의 삶, 도덕적 의식 life of value system, moral insight
제 3 단계 (6 ~ 12세)	경쟁의식의 삶, 우월감 / 열등감 life of competition, superiority / inferiority
제 4 단계 (12 ~ 18세)	친밀감의 삶, 동질감, 애타주의 life of intimacy, compassion, altruism
제 5 단계 (18 ~ 25세)	성취의 삶 / 패배주의적 삶 life of achievement / defeatism
제 6 단계 (25 ~)	자기 인식의 삶 / 무의미의 삶 life of self-awareness / nothingness
제 7 단계 (장년기)	소망의 삶 / 체념의 삶, 퇴행적 삶 life of hope / life of stagnation, regression
제 8 단계 성숙한 삶	깨달음의 삶, 자각, 평정심, 삶의 통합성 enlightenment, self-awareness, equanimity, integrity

가) 연령에 비례하는 삶의 양식을 살고 있는가
나) 성숙한 삶의 과정을 밟고 있는가는 자신의 인격 발달 과정에 의해 가늠 된다
다) 각 단계의 삶의 과정에서 자신의 인격 특성이 예측 가능하다

성서적 믿음의 성숙(벧후 1:5~7) biblical faith maturity	
믿 음 faith	삶의 바탕, 인격의 기초 basic life & basic personality
덕 virture	관계의 바탕, 긍정적 삶 basic relationship, positive life
지 식 knowledge	삶과 믿음의 통합성 integrity of faith & life
절 제 temperance	정제된 믿음, 절도 있는 믿음 refined faith & moderation
인 내 patience	믿음의 신뢰성, 믿음의 성숙 trustfulness of faith
경 건 godliness	영적 체험의 단계 step of spiritual experience
형제우애 brotherly kindness	이타주의, 자기애의 극복, 공감능력 altruism, subjugation of selfishness, empathy
사 랑 charity	믿음의 열매, 신적합일, 아카페적 사랑 fruit of faith, godliness life

– 이러므로 너희가 더욱 힘써 너희 믿음에 덕을, 덕에 지식을, 지식에 절제를, 절제에 인내를, 인내에 경건을,
경건에 형제 우애를, 형제 우애에 사랑을 공급하라
(베드로후서 1장 5절 ~ 7절) –

박종권 시집

산과 믿음의 삶

발행일 2025년 4월 18일

지은이 박종권
발행인 이길안
발행처 세종출판사

주소 부산광역시 중구 흑교로71번길 12 (보수동2가)
전화 051) 463-5898, 253-2213~5
팩스 051) 248-4880
전자우편 sjpl5898@daum.net
출판등록 제02-01-96

값 15,000원

ISBN 979-11-5979-766-8 03810